Learn Russian News Vol.2

English & Russian

Original Language: Russian

Source: Voice of America (VOA) in Russian

Author/Translator/Editor: Nik Marcel 2014

A Bilingual (Dual-Language) Book

2Language Books

Learn Russian News Vol.2

English & Russian

Original Edition: Russian
English translated from Russian.

Copyright © 2013 Nik Marcel

ISBN-13: 978-1500726744
ISBN-10: 1500726745

2Language Books
(A Bilingual Dual-Language Project)

Editor's Note:

The dual-language text has been arranged into sentences and shorter paragraphs for quick and easy cross-referencing. The source text is the Russian language edition of Voice of America (VOA). The Russian text has been translated into English for this dual-language project.

A methodology for getting the most out of bilingual editions is explained in the book's Foreword.

The primary purpose of this text is to equip a foreign language learner with the ability to start reading news in the particular foreign language: to be able to read only in the foreign language, and extract enough understanding to continue the language learning process fruitfully this way.

A reader might like to go back to reading dual-language news for reinforcement and further development, returning to foreign language only news with a deeper understanding. By going back to the same 'old' news, you are going over words, word patterns, and passages with which you already have a certain familiarity. The process of reinforcement, learning or retaining of what is new, and exposure to what is unfamiliar, is much easier this way — even though the news may seem a little dated.

The aim of informing the reader about actual news is secondary, especially given that the content will become less current (and less relevant) over time.

Foreword: About Bilingual Editions

When accurately translated and formatted into relatively brief sections, Bilingual books can aid the foreign language student to fluency in both speaking and reading, in the manner described below.

At the outset of studying bilingual editions, the intermediate language student may prefer to read the 'familiar' language text fragment first, in order to gather the meaning, and then read the less familiar or 'foreign' segment. The 'foreign' segment takes on some meaning (which it could not have had if it was read in isolation). The process of linking less familiar 'foreign' words with its more familiar 'native' counterparts happens naturally, as does the process of gaining an intuitive understanding of the foreign languages grammar or sentence structure.

Having the bilingual text formatted in a matter which allows quick and easy flow between the two languages means language learning can take place rapidly. All the tools for learning are present: a process for gathering meaning, improving word power, and understanding grammar (or sentence structure).

In a typical language book the learning process is highly structured, the exposure to new material is low, and so is the rate of learning. It also limits the ability to pick up the foreign language intuitively: as one does by being born in a country, or by travelling there. However, by reading the bilingual editions in whatever manner you are comfortable with, you can build on your formal learning, and start to develop an intuitive and natural affinity with the 'foreign' language.

Bilingual editions allow for a greater exposure to new words. It is the view of the editor that a major stumbling block for students is that there is not a separation between knowing a new word (its sound and its written counterpart), and knowing the meaning given to that word. As children, we are unknowingly exposed to a seemingly infinite array of words (in written and audio form) each day. The meaning comes naturally because the words which meanings become attached to have already become familiar.

By exposure to a foreign language without concern with meaning, we learn to recognise many new words: what they sound or look like. This is a fundamental step which is usually absorbed (and then lost) in the exercise of learning what a foreign word means. People have difficulty learning new words not because they do not know what the meanings are, but rather because they do not know the words themselves. It becomes effortless to attach a meaning to a word once you in some sense know the word.

The process here is a natural one of inquiry rather than of hard study (and frustration). The more you become familiar with a foreign word, the more you want to know what it means. If for example you see a word time and time again, eventually you want to look it up in the dictionary. When you do look it up, it is easy to attach the meaning to this word whose meaning has eluded you for so long. It is easy because you have learnt the word prior to trying to learn the meaning attributed to this word. By studying the compartmentalised bilingual texts, the natural process of exposure, leading to inquiry, leading to understanding, happens quickly and naturally.

As a note, the mind has different moods (or speeds). If the mind is leaning towards speed-reading or skimming, this is a good opportunity to focus on exposure to new words. The suggestion here would be to speed read through the 'foreign only' text in a bilingual edition – or alternatively, to read some other 'foreign' language literature. Drop trying to grasp meaning, and focus on recognition of familiar words and exposure to new words. Some meaning will be lifted from the pages as you flip through them, but it is not the objective. On the other hand, if the mind is leaning towards depth and analysis, work your way slowly through challenging text, using each pair of text fragments.

By having the option to move from reading the 'familiar' text fragment first, to reading the 'foreign' text segment first, gives the student the stepping-stone needed to dive into reading only foreign text, which is presumably the goal.

Once a 'foreign' language becomes more familiar, or once a particular text or book has been studied in sufficient depth, the preference may be to read the 'foreign' language section first. This happens because the reader can now gather sufficient understanding of each 'foreign' language text fragment without first consulting the 'native' language version. To gather additional word power, understanding of grammar, and meaning, the reader may then consult the 'native' version of the passage.

This process does not have to be structured. By simply reading the bilingual text in a relaxed manner, you will find yourself moving back and forwards between the two versions. You may be going from 'familiar' to 'foreign', and then you are suddenly drawn to reading a 'foreign' text segment without first reading the 'familiar' one. This is because you have a sufficient level of understanding of the foreign language to gain a threshold level of meaning from the passage. To gain further meaning you may then consult the 'familiar' text fragment. Depending on the level of the text, and your frame of mind at the time, you will probably tend to adopt one or the other practice in any particular reading session.

Bilingual editions allow for greater exposure to words, and thus aid the process of developing word recognition. The process of attaching meaning to each word is undertaken in an efficient manner due to the easy cross-referencing. The dictionary is already at hand, and set out in a format that is natural rather than stilted.

Ironically, this same reasoning highlights that a student of a foreign language studying in this way will also enhance their abilities in their 'native' tongue. The switching process between the two languages gets reinforced because the 'native' language is more readily accessible (or imprinted) in the students mind. So, you get to study two languages at once! Learn a new language, and improve your own at the same time.

A simple guide for learning a language is as follows. Obtain a basic grasp of the language from audio and text books typically found in libraries and local bookshops. Study some fairly simple stories in fragmented bilingual editions. Then move on to reading more advanced bilingual editions (with less passage division). From here the final step is to read a book or text in only the 'foreign' language. This may for example be one of the books studied in its bilingual edition.

This process (from basic language books, to bilingual editions, to full text) can be repeated cyclically until the student has achieved their aim. This same cyclic process of gradual improvement and then returning to the basics (for revision and reinforcement) can be applied to the bilingual editions: one can progress from reading the 'familiar' text fragment first to reading the 'foreign' text segment first, and then return to reading 'familiar' text fragments first (though perhaps, and hopefully, with a deeper understanding, or with more advanced text).

While the above explanation of foreign language learning identifies a formal process of learning, it can simply happen naturally if you have the right material available. Maybe you have an 'audio and text' package from your local bookshop or library, a few bilingual books in varying degrees of difficulty, a few simple books written only in the foreign language, and access to the internet or a plane ticket!

Finally, what has been described about written text applies equally to audio. Only through considerable exposure (without care or mention of what the audio might mean) does one really start to hear (or recognise) each spoken word.

Simply listening to a person reading the news, or a good documentary, without care of gaining any great understanding, and after a time you naturally start to 'hear' the subtle nuances in speech, and to delineate individual words – in much the same way a child does. Listening as a background to reading or performing some other task (like going to the gym) can be a relaxing way of increasing exposure to audio, and a healthy distraction at the same time.

Listening has one other little known advantage: it also cancels out the inner noise of the mind in your 'native' tongue. Reading in the 'foreign' language can have the same effect. If at the outset, you have trouble distinguishing clear audio words in a 'foreign' language, and you then start to try and read at the same time (in the foreign language), you will hear the words more clearly. This is because you a temporarily shutting down (or overriding) the linguistic 'text' centre in the mind. Your mind will alternate between 'text' and 'audio' in the foreign language, depending on what is easiest to grasp.

Eventually you will be sufficiently familiar with both text and audio, such that your mind will naturally want to concentrate on one or the other – your mind has become sufficiently strong in the foreign language, and sufficiently weak in your native language. When this happens, it is time to drop the parallel, flipping process, and concentrate on audio or text – or just listen to your music device at the gym.

After all that listening, it becomes easy to listen to an audio book from the local library, and actually get something out of it. There is no difficulty whatsoever in hearing the words, and it becomes easy to attach meaning to them.

The suggestion here is a little like saying start at the end, then go to the beginning, and then work your way through to the end again – and do this again and again and again! And if you do not like going in circles, just go back and forwards.

If and when you attain to fluency (at some level) in reading in only the foreign language, your mind has begun to flow in one direction: it has naturally developed the ability to translate a foreign language into your native tongue. As you read the words, you naturally know what they mean, and what is contained in the text – you know it, because your minds knows the words and meaning in its native tongue. You have become a one-way translator.

Becoming a one-way translator is only half the goal. There is a real fluency, and you will know it – simply pick up a book in some other language, and see the difference in the level of comprehension. However, you may struggle to compete with someone who has completed an expensive Basic language course, diligently studied the best phrase book, taken a voyage, and annoyed the locals.

I am reminded here of when a word is on the tip of your tongue: if someone said the word, you would know it instantly. You know the word, but it is not quite sufficiently impressed in your memory.

You know what a foreign word means in your native language – when you see it! However, if (rather than seeing that foreign word) you were given that word in your native language, and then asked what the foreign equivalent was, you may well feel it is somewhere between the tip of your tongue and the back of your throat – aaagh!

However, the more you practice with bilingual editions (from 2Language Books), and the more you read only in the 'foreign' language, the more the 'foreign' becomes the familiar. This is all that is needed to develop fluency in speaking, and it comes from fluency in reading. Also, the better you are at reading, the higher the level of exposure to all those 'foreign' words, and so the process gains a natural momentum.

The translation can flow the other way simply because where it wants to flow to is now much deeper! It is not much more than simple fluids.

I note here that what applies to words also applies to grammar: the sentence structure can be learnt in a natural and intuitive manner along with the individual words. Which is not to say formal study is not of benefit, but it is only a support – rather than a foundation.

When you want to say something in the 'foreign' language, you know what you want to say – in your native tongue. The foreign words you require escape from the tip of your tongue, and you may amaze yourself and others. You can speak a foreign language.

I usually cannot remember someone's name beyond a year or two, and this is because I have only heard it, and have not seen it written down. If you learn through all common methods – including expensive courses and annoying the locals – you acquire something easily lost. If you learn through the method I describe here, you long term retention is significantly higher.

Admittedly, even expensive methods encourage reading, though your advancement is through dogged repetition in Level 1, followed by dogged repetition in Level 2 – which is considerably more expensive than Level 1, and which also requires Level 1 revision – and so on. Also, it is not just about reading. Have the foreign language in the background – low

volume on the television, or insert just one earpiece – and read aloud. When something in the background audio comes to the fore, repeat it out loud.

A break from learning in the manner described here is actually beneficial: it allows what you have learnt to sink deeper into the mind. If you have studied hard, and your mind feels clogged, a break will allow you to commence anew, and deeper. If you have wasted your money on an expensive course, and perhaps annoyed the locals, and are also feeling annoyed, a break will allow you to forget a little of your hard earned, and spent, efforts. Then you will be like everyone else: I learnt how to say 'hello', and 'where is the museum', but I forget it all now. I suggest this generally be the case for the billions of people who have been to school: a complete and utter waste of time, effort, and childhood fun.

All that said, if you think what I have said has merit, you might rush out and start making and selling bilingual books – probably from public domain sources. However, a bilingual book is not much help (especially for beginners) if it is not broken down into small fragments. Also, translations are often not very accurate. To be of benefit, the translation needs to be both good and literal.

Nik Marcel
2Language Books

Table of Contents:

Copyright.. II

Editor's Note.. III

Foreword: About Bilingual Editions......................... IV

Chapter 1. 1

Chapter 2. 13

Chapter 3. 24

Chapter 4. 37

Chapter 5. 50

Chapter 6. 61

Chapter 7. 73

Chapter 8. 87

News in English

Voice of America

Chapter 1

Obama has requested $2 billion to strengthen the border

Most illegal immigrants are from Honduras, Guatemala, and El Salvador.

The news service: "Voice of America" Updated 29.06.2014

Next Monday, Barack Obama is going to make this request to Congress.

The goal: to gain control of the border with Mexico and expedite the deportation of 52 thousand unaccompanied children and 39 thousand women and children, caught illegally entering the United States in the period from October last year until now.

Most of them are immigrants from Honduras, Guatemala, and El Salvador.

Immigration authorities cannot cope with the influx of illegal immigrants, but, according to U.S. law, they cannot be immediately sent home.

Some of the children caught entering the U.S. can be reunited with their parents, who are already living in the country.

The president intends to appeal to the Congress, which has been in no hurry — over a period of several years — to make a decision on comprehensive immigration reform.

Last Saturday, the Democratic minority leader in the House of Representatives, Nancy Pelosi, visited the temporary detention centre for immigrant children in Texas.

Pelosi said that the United States needs to take full responsibility for solving the problem of the influx of children in the country.

A year ago, the Senate approved a bill, according to which 11 million illegal immigrants already living in the U.S. will, over a period of several years, be able to legalize and get U.S. citizenship.

News in Russian

Голос Америки

Глава 1

Обама запросил $2 млрд на усиление границы

Большинство нелегалов — выходцы из Гондураса, Гватемалы и Сальвадора.

Служба новостей «Голоса Америки» Обновлено 29.06.2014

В ближайший понедельник Барак Обама намерен обратиться с этой просьбой к Конгрессу.

Цель — усиление контроля на границе с Мексикой и ускоренная депортация 52 тысяч беспризорных детей и 39 тысяч женщин и детей, нелегально попавших в США в период, начиная с октября прошлого года.

Большинство из них — иммигранты из Гондураса, Гватемалы и Сальвадора.

Иммиграционные службы не справляются с наплывом нелегальных иммигрантов, однако, согласно американским законам, их нельзя немедленно выслать на родину.

Некоторые из детей, оказавшихся на территории США, могут воссоединиться с родителями, уже проживающими в стране.

Президент намерен обратиться с призывом к Конгрессу, который вот уже несколько лет не торопится принимать решение по всесторонней иммиграционной реформе.

В минувшую субботу лидер демократического меньшинства в Палате представителей Нэнси Пелоси посетила зону временного содержания детей-иммигрантов в Техасе.

Пелоси заявила, что Соединенным Штатам необходимо со всей ответственностью отнестись к решению проблемы притока детей в страну.

Год назад Сенат одобрил законопроект, в соответствии с которым 11 миллионов нелегальных иммигрантов, уже живущих в США, смогут в течение нескольких лет легализоваться и получить американское гражданство.

However, many conservative Republicans in the House say that the decision essentially means an amnesty for lawbreakers, and so they oppose the proposed changes.

Poroshenko proposes to extend the truce, despite protests in Kiev

Leaders of Ukraine, Russia, France, and Germany discussed the Ukrainian crisis through a conference call.

Kells Hetherington Updated 30.06.2014

WASHINGTON - President Poroshenko took part in a four-way telephone conversation with Russian president Vladimir Putin and the leaders of France and Germany, hoping to continue the implementation of his peace plan.

At the same time, about a thousand demonstrators in Kiev called for the Ukrainian leader to go in the reverse direction, after new clashes with pro-Russian separatists in the weekend.

In a statement Poroshenko released after the two hour international telephone conversation, he said that he proposed to extend the truce until Monday evening.

Meanwhile, one of the demonstrators at Poroshenko's residence held a sign, "The only language understood by terrorists is the language of force."

Demonstrators in Kiev demand an end to the truce with pro-Russian separatists

The news service: "Voice of America" Updated 29.06.2014

The unilateral cease-fire and truce with armed pro-Russian separatists, which was extended last week, must end; otherwise, there is an additional threat to the lives of those in the Ukrainian military.

Однако многие консервативные республиканцы в Палате представителей говорят, что это решение, по существу, означает амнистию для нарушителей закона, и возражают против предлагаемых изменений.

Порошенко предлагает продлить перемирие, несмотря на протесты в Киеве

Лидеры Украины, России, Франции и Германии обсудили украинский кризис в режиме телефонной конференц-связи.

Келлс Хетерингтон Обновлено 30.06.2014

ВАШИНГТОН — Президент Украины Петр Порошенко принял участие в четырехстороннем телефонном разговоре с президентом России Владимиром Путиным и лидерами Франции и Германии, в надежде продолжить реализацию своего мирного плана.

В то же время около тысячи демонстрантов в Киеве призвали украинского лидера пойти по другому пути после новых столкновений с пророссийскими сепаратистами на выходных.

В заявлении Порошенко, выпущенном после двухчасового международного телефонного разговора, говорится, что он предложил продлить перемирие до вечера понедельника.

Тем временем один из участников демонстрации у резиденции Порошенко держал плакат «Единственный язык, который понимают террористы — это язык силы».

Демонстранты в Киеве требуют прекратить перемирие с пророссийскими сепаратистами

Служба новостей «Голоса Америки» Обновлено 29.06.2014

Одностороннее прекращение огня и перемирие с пророссийскими вооруженными сепаратистами, продленное на минувшей неделе, должно закончиться; в противном случае возникнет дополнительная угроза жизни украинских военных.

This is the position held by protestors in Kiev.

Poroshenko has not renewed the ceasefire

This is according to a statement by the president of Ukraine, published on his official website.

Russian service: "Voice of America" 30.06.2014

The president of Ukraine, Petro Poroshenko, has decided not to renew the ceasefire in the east.

This is reported in a statement by the head of the state: June 30 evening meeting of the National Security and Defence Council of Ukraine.

"After discussing the situation, I, as supreme commander, have decided not to extend the regime of a unilateral cease-fire."

"... A unique opportunity presented by the peace plan is not being implemented. This was due to the criminal actions of the militants.

They publicly declared their unwillingness to support the peace plan as a whole, and in particular the cease-fire.

In acts of defiance, they violated the ceasefire more than a hundred times," said the president of Ukraine.

"We will attack, and we will liberate our land.

Non-renewal of the ceasefire is our answer to the terrorists, rebels, and looters, to all those who mock the civilian population, who are paralysing the economy of the region … who are depriving people of a normal, peaceful life," Poroshenko said in a statement.

As reported by the Voice of America news service, Poroshenko appeared on national television and said something to the same effect.

Meanwhile, the Interfax-Ukraine news agency reported that separatists in Kramatorsk, in eastern Ukraine, declared the resumption of hostilities.

Порошенко не продлил режим прекращения огня

Заявление президента Украины опубликовано на его официальном сайте.

Русская служба «Голоса Америки» 30.06.2014

Президент Украины Петр Порошенко принял решение не продлевать режим прекращения огня на востоке страны.

Об этом говорится в обращении на сайте главы государства: «30 июня вечером состоялось заседание Совета национальной безопасности и обороны Украины.

После обсуждения ситуации, я, как Верховный Главнокомандующий, принял решение не продлевать режим одностороннего прекращения огня».

«...уникальный шанс по воплощению мирного плана не реализован. Это произошло из-за преступных действий боевиков.

Они публично декларировали свое нежелание поддерживать мирный план в целом и прекращение огня в частности.

Вызывающе, более ста раз, нарушили режим перемирия», — отмечает президент Украины.

«Мы будем наступать и будем освобождать нашу землю.

Непродление режима прекращения огня — это наш ответ террористам, боевикам, мародерам, всем тем, кто издевается над мирным населением, кто парализует работу экономики региона ... кто лишил людей нормальной мирной жизни», — сказал Петр Порошенко в обращении.

Служба новостей «Голоса Америки» сообщает: Порошенко выступил по национальному телевидению с аналогичным обращением.

Между тем, агентство «Интерфакс-Украина» передало, что сепаратисты в городе Краматорск на востоке Украины заявили о возобновлении боевых действий.

NATO: Russia is likely to have delivered heavy weapons to separatists

According to the commander of NATO forces in Europe, such weapons are likely to have been used to shoot down helicopters and planes of the Ukrainian army.

Russian service: "Voice of America" Updated 01.07.2014

Weapons that the separatists in eastern Ukraine used to shoot down Ukrainian planes and helicopters were probably supplied by Russia, said the commander of NATO forces in Europe, USAF general Philip Breedlove.

According to Breedlove, he is in particular talking about a transport plane shot down on June 14, with the resulting crash killing all 49 people aboard.

"It is very likely, although we have not connected all the threads directly," said Breedlove, during a press conference at the Pentagon.

According to Breedlove, the Russian ride has supplied separatists in eastern Ukraine with various heavy weapons, including anti-aircraft guns and tanks.

The commander added that although there are encouraging signs of steps being taken to end the conflict, it will remain in doubt while Russia continues to support the separatists.

"There is some positive rhetoric; we have heard some nice talk about a ceasefire," he said.

"But what we see is ongoing conflict, and continued support from Russia in this conflict."

"Until we see the situation unfolding in the opposite direction, I think we need to watch it very closely," said Breedlove.

НАТО: Россия, вероятно, поставляет сепаратистам тяжелое вооружение

По словам командующего войсками НАТО в Европе, таким оружием, скорее всего, сбивались вертолеты и самолеты украинской армии.

Русская служба «Голоса Америки» Обновлено 01.07.2014

Оружие, с помощью которого сепаратисты на востоке Украины сбивали украинские самолеты и вертолеты, вероятно, было поставлено Россией, заявил командующий силами НАТО в Европе генерал ВВС США Филип Бридлав.

По словам Бридлава, речь, в частности, идет о транспортном самолете, сбитом 14 июня, когда в результате крушения погибли все 49 человек, находившиеся на борту.

«Это очень вероятно, хотя мы еще не связали все ниточки напрямую», — заявил Бридлав в ходе пресс-конференции в Пентагоне.

По словам Бридлава, российская сторона поставляет сепаратистам на востоке Украины разнообразное тяжелое вооружение, включая зенитное оружие и танки.

Командующий добавил, что хотя есть обнадеживающие признаки движения к завершению конфликта, у него останутся сомнения, пока Россия будет поддерживать сепаратистов.

«Есть позитивная риторика, звучат какие-то хорошие слова о прекращении огня, — сказал он.

— Но то, что мы видим, это продолжающийся конфликт, продолжающаяся поддержка конфликта со стороны России».

«Пока мы не увидим, что ситуация разворачивается в обратную сторону, думаю, нам нужно следить за ней очень пристально», — заявил Бридлав.

The self-proclaimed "Caliph" has ordered Muslims to move to his "Caliphate"

ISIL has proclaimed a worldwide Islamic state.

The news service: "Voice of America" 01.07.2014

The self-styled leader of the self-styled Islamic state of Iraq and Syria has demanded that all Muslims come to the "Caliphate" and take up arms.

On Tuesday, July 1, Abu Bakr al-Baghdadi posted his audio appeal on Islamist websites, in which he stated that the new state was a state for all Muslims, regardless of colour or nationality.

He also said that Syria was not only for Syrians, and Iraq was not only for Iraqis.

Baghdadi called the holy month of Ramadan the best time for all Muslims to take up arms and join the fight.

This week, Sunni extremists from the organization "Islamic State of Iraq and the Levant" announced the creation of a sovereign Islamic state.

ISIL has captured significant territory from the Iraqi government in northern Iraq — they are also fighting the Syrian government.

On the same day, the new Iraqi parliament completed its first session after the April elections without choosing a new prime minister.

Sunnis and Kurds left the courtroom when the deputies failed to agree on who will lead the new government.

Many believed that the current prime minister, Nouri al-Maliki, who is a Shia, will be elected for a third term, but in recent weeks, many in Iraq and the West are calling for his resignation, as he was unable to muster resistance to the Sunni extremists.

Самопровозглашенный «халиф» велел мусульманам перебираться в его «халифат»

ИГИЛ провозгласил всемирное исламское государство.

Служба новостей «Голоса Америки» 01.07.2014

Самозваный лидер самопровозглашенного Исламского государства Ирака и Сирии потребовал, чтобы все мусульмане прибыли в «халифат» и взяли в руки оружие.

Во вторник, 1 июля, Абу-Бакр аль-Багдади разместил на исламистских вебсайтах свое аудио-обращение, в котором заявил, что новое государство — это государство всех мусульман, независимо от цвета кожи и национальности.

Он также заявил, что Сирия — не для сирийцев, а Ирак — не для иракцев.

Багдади провозгласил священный месяц Рамадан самым подходящим временем для того, чтобы все мусульмане взяли в руки оружие и вступили в борьбу.

На нынешней неделе суннитские экстремисты из организации «Исламское государство Ирака и Леванта» заявили о создании суверенного исламского государства.

ИГИЛ захватил значительные территории на севере Ирака; боевики этой группировки ведут боевые действия и с сирийским правительством.

В тот же день новый парламент Ирака завершил свою первую после апрельских выборов сессию, так и не выбрав нового премьер-министра.

Сунниты и курды покинули зал заседаний, когда депутатам не удалось договориться о том, кто возглавит новое правительство.

Многие считали, что нынешний премьер-министр, шиит Нури Малики, будет избран на третий срок, однако в последние недели многие в Ираке и на Западе требуют его отставки, поскольку он оказался неспособен противостоять суннитским экстремистам.

According to many politicians and experts, in the interest of Iraq and the United States, the government should be represented not only by Shiites, but also Sunnis and Kurds.

Georgia has won a lawsuit against Russia in the European Court of Human Rights

The ECHR ruled that in the deportation of Georgians in 2006, Russia violated the European Convention.

Nestan Charkviani 07/03/2014

According to the ministry of Justice of Georgia, on July 3, the Court found Russia guilty of violating several articles of the European Convention, in the case of the mass deportation of Georgian citizens from the country in the autumn of 2006.

"In conclusion, it said that from the Russian side, there had been a coordinated policy against Georgians during the detention, arrest, and mass expulsion from the country and, accordingly, there has been a violation of Article 4 of the Fourth Protocol of the European Convention on Human Rights.

During arrest and detention, the Georgians were in abject and dehumanizing conditions that violated Articles 3 and 5," the ministry of Justice of Georgia said in a statement.

Former minister of the Russian economy: sanctions and the slowdown of the Russian economy.

Roman Osharov Updated 07/03/2014

The IMF predicts that the outflow of capital from Russia in 2014 will exceed 100 billion U.S. dollars, compared to about 60 billion last year.

Russia's GDP growth, according to experts at the IMF, will slow to 0.2%.

Elvira Nabiullina, head of the Central Bank of Russia, also said that economic growth is not only unsatisfactory, but also puts the country in a difficult position.

По мнению многочисленных политиков и экспертов, в интересах самого Ирака и США — правительство, в котором были бы представлены не только шииты, но также сунниты и курды.

Грузия выиграла иск против России в Европейском суде по правам человека

ЕСПЧ постановил, что при депортации грузин в 2006 году Россия нарушила Европейскую конвенцию.

Нестан Чарквиани 03.07.2014

Как сообщает министерство юстиции Грузии, 3-го июля Суд признал Россию виновной в нарушении ряда статей Европейской конвенции по делу о массовой депортации граждан Грузии из страны осенью 2006 года.

«В заключении сказано, что с российской стороны имело место координированная политика против грузин при задержании, аресте и массовом выдворении из страны и, соответственно, была нарушена статья 4 четвертого протокола Европейской конвенции по правам человека.

Во время задержания и ареста грузины находились в унизительных и бесчеловечных условиях, чем были нарушены статьи 3 и 5», — сказано в заявлении министерства Юстиции Грузии.

Бывший министр экономики РФ - о санкциях и замедлении роста российской экономики.

Роман Ошаров Обновлено 03.07.2014

Фонд прогнозирует, что отток капитала из России в 2014 году составит более 100 млрд долларов США против около 60 млрд в прошлом году.

Рост российского ВВП, по подсчетам экспертов МВФ, замедлится до 0,2%.

Эльвира Набиуллина, глава Центрального банка России, также заявила, что рост экономики не только неудовлетворителен, но и ставит страну в сложное положение.

Yevgeny Yasin, a prominent Russian economist and former economy minister, and now a research director at the Higher School of Economics, said that even before the annexation of Crimea and the escalation of the conflict in Ukraine, Russia's economy had showed signs of a slowdown.

Poroshenko intends to change the defence minister and chief of staff

The nominations of Valery Geletey and Victor Muzhenko will be made in parliament.

Russian service: "Voice of America" Updated 07/03/2014

The president of Ukraine intends to make changes to the senior military leadership, promising to eradicate corruption, because of which the armed forces showed hesitancy in dealing with pro-Russian separatists.

The Poroshenko press service, in a publication on Wednesday, said that the president intends to propose to the Verkhovna Rada the candidature of colonel general Valery Geletey for the post of defence minister, and lieutenant general Viktor Muzhenko as head of the general staff.

Furthermore, Poroshenko appointed the head of a large agro-industrial holding and one of the richest people of Ukraine, Yuriy Kosuk, as deputy head of the presidential administration, tasked to oversee the defence sphere.

The president said he would be unrelenting in "cleaning the army of thieves and corrupt officials."

The stream of allegations of corruption is not stopping, even with the background of continuing operations against separatists in Kiev.

Евгений Ясин, авторитетный российский экономист, бывший министр экономики, а ныне научный руководитель Высшей школы экономики, считает, что и до аннексии Крыма и эскалации конфликта в Украине, экономика России демонстрировала снижение темпов роста.

Порошенко намерен сменить министра обороны и начальника генштаба

В парламент будут внесены кандидатуры Валерия Гелетея и Виктора Муженко.

Русская служба «Голоса Америки» Обновлено 03.07.2014

Президент Украины намерен произвести перестановки в высшем военном руководстве, обещая искоренить коррупцию, из-за которой вооруженные силы страны проявляли нерешительность в борьбе с пророссийскими сепаратистами.

В сообщении пресс-службы Петра Порошенко, опубликованном вечером в среду, говорится, что президент намерен предложить Верховной Раде кандидатуру генерал-полковника Валерия Гелетея на должность министра обороны, а генерал-лейтенанта Виктора Муженко — на должность руководителя генерального штаба.

Кроме того Порошенко назначил руководителя крупного агропромышленного холдинга и одного из богатейших людей Украины Юрия Косюка — заместителем главы президентской администрации, которому поручено курировать оборонную сферу.

При этом глава государства заявил, что будет настаивать на «очистке армии от воров и взяточников».

Поток обвинений в коррупции не прекращается даже на фоне продолжения операции Киева против сепаратистов.

In St. Petersburg, the 'Other Russia' party met U.S. Independence Day with a night of provocation

Anna Plotnikova 04.07.2014

On the night of July 4, when the United States celebrates Independence Day, activists from the St. Petersburg branch of 'Other Russia' pelted the U.S. consulate building on Furshtatskaya street with flares and smoke bombs.

They also scattered leaflets, and burned a stylized American flag that had a skull and crossbones instead of stars.

In 2011, the Russian media reported that activists from the 'Other Russia' took responsibility for the incident at the Embassy of Serbia, during which they pelted it with bottles filled with black paint, in protest against the arrest of general Mladic. This action was also carried out at night.

"Today is U.S. Independence Day, and we decided this is the way to congratulate them.

We decided to hold a rally at night, in the dark, because it is easier to get away from the police," the head of the St. Petersburg branch of the 'Other Russia', Andrei Dmitriev, said in an interview with 'Voice of America'.

During the campaign, a consulate guard managed to hold a party activist, 37-year-old Sergei Chepiga, who was taken to the 78th police department.

The detainee initially faced fines for abuse of state symbols, but the act was reclassified as "petty hooliganism." He was fined 500 rubles and released.

Obama and Merkel discussed the situation in Ukraine

The two leaders expressed the need for joint U.S. and European sanctions against Russia if Moscow does not take steps to de-escalate the crisis.

Russian service: "Voice of America" Updated 04.07.2014

В Петербурге «Другая Россия» встретила День независимости США ночной провокацией

Анна Плотникова 04.07.2014

В ночь на 4 июля, когда в США отмечают День независимости, активисты петербургского отделения «Другой России» забросали здание американского консульства на Фурштатской улице файерами и дымовыми шашками.

Они также разбросали листовки, и сожгли стилизованный американский флаг с черепом и костями вместо звездочек.

В 2011 году российские СМИ сообщали, что активисты «Другой России» взяли на себя ответственность за инцидент с посольством Сербии, которое они закидали бутылками с чёрной краской в знак протеста против ареста генерала Младича. Эта акция тоже была осуществлена ночью.

«Сегодня День независимости США и мы решили вот таким образом их поздравить.

Решили провести акцию ночью, потому что в темноте легче уйти от полиции» — заявил в беседе с корреспондентом «Голоса Америки» глава петербургского отделения «Другой России» Андрей Дмитриев.

Во время акции охранник консульства сумел задержать активиста партии 37-летнего Сергея Чепигу, который был доставлен в 78-е отдел полиции.

Задержанному вначале грозил штраф за надругательство над государственной символикой, однако затем деяние переквалифицировали в «мелкое хулиганство», оштрафовали на 500 рублей и отпустили.

Обама и Меркель обсудили ситуацию в Украине

Лидеры двух стран заявили о необходимости совместных санкций США и Европы против России, если Москва не предпримет шаги по деэскалации кризиса.

Русская служба «Голоса Америки» Обновлено 04.07.2014

President Barack Obama has consulted with German chancellor Angela Merkel on the resumption of the peace process in Ukraine, and came to an agreement with her that the two countries should continue to put pressure on Russia while it does not take significant steps to de-escalate the crisis in the east.

The telephone conversation between Merkel and Obama on the situation in the east of Ukraine was held on Thursday.

The White House said that the parties discussed the diplomatic efforts to establish a long-term truce.

The president of Ukraine had previously announced the expiry of a unilateral ceasefire after pro-Russian separatists repeatedly violated it.

The White House said Obama and Merkel agreed that the U.S. and Europe are obliged to impose new sanctions against Russia if it does not soon take actions that de-escalate the situation.

The leaders of the United States and Germany, "stressed that Russia should take immediate steps to de-escalate the conflict in eastern Ukraine," the White House said.

"The president and the chancellor agreed that the U.S. and Europe would take additional coordinated measures that would result in additional costs for Russia if, in the near future, it does not take steps towards de-escalation," according to the statement.

Another topic of conversation was the ongoing negotiations with Iran on nuclear issues.

Merkel has been the main partner in the dialogue with Russian president Vladimir Putin during the Ukrainian crisis.

On Thursday, she held a telephone conversation with Putin amid diplomatic calls to start a new round of peace talks no later than Saturday.

Президент Барак Обама провел консультации с канцлером Германии Ангелой Меркель о возобновлении мирного процесса в Украине и пришел с ней к согласию, что обе страны должны продолжать оказывать давление на Россию, пока она не примет существенных мер по деэскалации кризиса на востоке страны.

Телефонный разговор Меркель и Обамы по ситуации на востоке Украины состоялся в четверг.

Белый дом сообщил, что стороны обсуждали дипломатические усилия по установлению долгосрочного перемирия.

Объявленное ранее президентом Украины в одностороннем порядке прекращение огня истекло после того, как пророссийские сепаратисты нарушали его неоднократно.

Белый дом сообщил, что Меркель и Обама согласились, что США и Европа должны ввести новые санкции против России, если она в ближайшее время не предпримет действий по деэскалации ситуации.

Лидеры США и Германии «подчеркнули, что Россия должна принять немедленные шаги по деэскалации конфликта в Восточной Украине», говорится в сообщении Белого дома.

«Президент и канцлер согласились, что США и Европа должны принять дополнительные скоординированные меры, которые должны обернуться для России дополнительными издержками, если она в короткие сроки не предпримет шаги по деэскалации», — указывается в сообщении.

Еще одной темой разговора стали продолжающиеся переговоры с Ираном по ядерной тематике.

Меркель является главным партнером по диалогу с президентом России Владимиром Путиным в ходе украинского кризиса.

В четверг она провела телефонный разговор с Путиным на фоне призывов дипломатов начать новый раунд мирных переговоров не позднее субботы.

Putin called for relations with U.S. "on a pragmatic and equitable" basis

The Russian president congratulated Barack Obama on Independence Day.

The news service: "Voice of America" Updated 04.07.2014

Russian president Vladimir Putin sent a telegram to U.S. president Barack Obama on the occasion of Independence Day, in which he called for the development of relations between the two countries "in a pragmatic and equitable" way.

"The Russian leader expressed the hope that having a rich history of relations between the two countries, despite the difficulties and differences, relations will thrive in a pragmatic and equitable" way, according to a statement posted on Friday on the official website of the Kremlin.

"Vladimir Putin stressed that Russia and the United States are nations that bear a special responsibility for ensuring international stability and security, and should cooperate in the interests not only of their own people, but also others around the world.

The Russian president also noted the importance of building bilateral relations based on mutual respect and genuine consideration of each other's interests," the report indicates.

The Ukrainian army has regained control of Slovyansk and Kramatorsk

The flag of Ukraine has been raised over the cities.

The news service: "Voice of America" 07/05/2014

The president of Ukraine, Petro Poroshenko, ordered troops in Slovyansk to raise the flag of the country over the city, after the armed forces regained control of the settlement on Friday, July 4.

Путин выступил за отношения с США «на прагматичной и равноправной основе»

Президент России поздравил Барака Обаму с Днем независимости.

Служба новостей «Голоса Америки» Обновлено 04.07.2014

Президент России Владимир Путин направил поздравительную телеграмму президенту США Бараку Обаме по случаю Дня независимости, в которой призвал к развитию отношений между двумя странами «на прагматичной и равноправной основе».

«Глава Российского государства выразил надежду, что имеющие богатую историю отношения между двумя странами, несмотря на трудности и разногласия, будут успешно развиваться на прагматичной и равноправной основе», — говорится в сообщении, размещенном в пятницу на официальном сайте Кремля.

«Владимир Путин также подчеркнул, что Россия и США как державы, несущие особую ответственность за обеспечение международной стабильности и безопасности, должны сотрудничать в интересах не только собственных народов, но и всего мира.

Президент России также отметил важность выстраивания двусторонних отношений на основе взаимного уважения и реального учёта интересов друг друга», — указывается в сообщении.

Украинская армия вернула контроль над Славянском и Краматорском

Над городами поднят флаг Украины.

Служба новостей «Голоса Америки» 05.07.2014

Президент Украины Петр Порошенко приказал войскам в Славянске поднять флаг страны над городом после того, как вооруженные силы вернули контроль над населенным пунктом в пятницу 4 июля.

On the presidential website, it was reported that the former bastion of pro-Russian separatists (which they held since April 2014) is now under the control of Kiev.

According to unconfirmed reports, the separatists left town after heavy clashes with the Ukrainian military.

According to Poroshenko, the liberation of Slovyansk is just the beginning of a breakthrough in the fight against separatists for the territorial integrity of Ukraine.

"Yes, it is not a complete victory, and not a time for fireworks.

However, clearing Slovyansk of the heavily armed gang of fanatics has great symbolic importance.

This is the beginning of a breakthrough in the fight against militants for the territorial integrity of Ukraine," the president said.

Meanwhile, neither Russia nor the separatists are yet to give a response to Poroshenko's appeal for a new round of negotiations.

According to the Ukrainian president, he offered to choose the time and place for negotiations during a phone call with the head of European diplomacy, Catherine Ashton.

Poroshenko has not yet received a response from Moscow or the separatists.

The European Union and the United States announced that a new round of sanctions will come into force against Russia if Moscow and pro-Russian separatists in the east of Ukraine did not take steps to de-escalate the crisis.

A Reuters reporter saw a convoy of about 20 trucks and buses in which armed men were departing from Kramatorsk, where they arrived after the fighting in Slovyansk.

Many witnesses claim that separatists retreated to Kramatorsk, and also did not linger there, but left the city, continuing to retreat.

На сайте президента сообщается, что бывший оплот пророссийских сепаратистов (они удерживали его с апреля 2014 года) теперь под контролем Киева.

По неподтвержденным данным, сепаратисты покинули город после тяжелых столкновений с украинскими военными.

По мнению Петра Порошенко, освобождение Славянска - только начало перелома в борьбе с сепаратистами за территориальную целостность Украины.

«Да, это еще не полная победа, и не время для салютов.

Но очистка Славянска от вооруженной до зубов банды изуверов имеет огромное символическое значение.

Это начало перелома в борьбе с боевиками за территориальную целостность Украины», - подчеркнул президент.

Тем временем, ни Россия, ни сепаратисты не дали ответ Порошенко, обратившемуся с призывом к новому раунду переговоров.

По словам украинского президента, он предложил выбрать время и место для переговоров во время телефонного звонка с главой европейской дипломатии Кэтрин Эштон.

Порошенко пока не получил ответа от Москвы и сепаратистов.

Европейский Союз и Соединенные Штаты заявили о новом раунде санкций против России в случае, если Москва и пророссийские сепаратисты на востоке Украины не предпримут шагов по деэскалации кризиса.

Репортер Reuters видел конвой из порядка 20 грузовиков и автобусов, в которых находились вооруженные люди, по пути из Краматорска, куда они приехали после боев в Славянске.

Многие очевидцы утверждают, что сепаратисты, отступившие в Краматорск, там тоже не задержались и покидают город, продолжая отступление.

The Ukrainian Interior minister, Arsen Avakov, said that a large number of separatists left Slovyansk after prolonged fighting with the Ukrainian armed forces.

A significant number of fighters left Slovyansk — this Avakov wrote on Facebook.

A source close to the separatists told Reuters that the forces of Ukraine exceeded that of the militant forces by 50 to one.

Министр внутренних дел Украины Арсен Аваков сообщил, что большое число сепаратистов покинули Славянск после продолжительных перестрелок с украинскими вооруженными силами.

Значительное число боевиков покинуло Славянск — об этом Аваков написал в «Фейсбуке».

Источник, близкий к сепаратистам, сообщил Reuters, что силы Украины превосходят силы боевиков 50 к одному.

Chapter 2

Death sentences for the 'Muslim Brotherhood'

The Egyptian Islamist association is under pressure.

The news service: "Voice of America" 07/05/2014

A Cairo court sentenced the [spiritual] leader of the 'Muslim Brotherhood', Mohamed Badie, and 36 other Islamists, to life imprisonment.

Badie, who was convicted for participating in the protests that killed a number of people, had previously been twice sentenced to death after two other trials.

After the overthrow of the Islamist president Mohamed Morsi, the 'Muslim Brotherhood' has been under pressure.

The court also confirmed the death sentence for 10 other supporters of the 'Muslim Brotherhood'.

Judge Hassan Farid decided on Saturday June 5 that the detainees were involved in violence and killings during protests in July last year.

The 'Muslim Brotherhood' in Egypt has received the status of a terrorist organization.

Most of its leaders are in jail, including the former Egyptian president Mohamed Morsi.

Fire in Kabul
Hundreds of oil tankers have burned.

The news service: "Voice of America" 07/05/2014

Officials in Afghanistan reported that the Taliban set fire to hundreds of oil tankers parked on the outskirts of the capital.

The Taliban claimed responsibility for the incident in Kabul.

The Afghan police have not provided information on possible victims.

Глава 2

Смертные приговоры для «Братьев-мусульман»

Исламистское объединение Египта подвергается давлению.

Служба новостей «Голоса Америки» 05.07.2014

Каирский суд вынес приговор о пожизненном заключении для лидера «Братьев мусульман» Мохамеда Бадие и 36 других исламистов.

Бадие, осужденный за участие в протестах, в результате которых погибли люди, ранее был дважды приговорен к смертной казни по итогам двух других судебных разбирательств.

После свержения президента-исламиста Мохамеда Морси «Братья мусульмане» подвергаются давлению.

Суд также подтвердил смертный приговор для других 10 сторонников «Братьев-мусульман.

Судья Хассан Фарид постановил в субботу 5 июня, что осужденные принимали участие в насилии и убийствах во время протестов в июле прошлого года.

«Братья-мусульмане» в Египте получили статус террористической организации.

Большая часть ее лидеров находятся в тюрьме, включая бывшего президента Египта Мохамеда Морси.

Пожар в Кабуле
Сгорели сотни бензовозов.

Служба новостей «Голоса Америки» 05.07.2014

Официальные лица в Афганистане сообщают, что «Талибан» поджег сотни бензовозов, припаркованных на окраине столицы страны.

Талибы взяли на себя ответственность за инцидент в Кабуле.

Данных о возможных жертвах афганская полиция не предоставила.

The Taliban have repeatedly attacked convoys in Afghanistan, but it remains unclear whether the fuel was intended for the Alliance forces.

The Taliban has been increasing its attacks on NATO forces, who are planning to leave Afghanistan by the end of this year.

If the new president of Afghanistan signs a security agreement with the United States, about 10,000 U.S. troops will remain in the country.

The U.S. announced a reward for the current leader of the ISIL three years ago

The faction led by al-Baghdadi intends to establish a caliphate in a territory spanning several countries in the Middle East.

The news service: "Voice of America" Updated 06.07.2014

Almost three years ago, the U.S. announced a reward (its amount was 10 million dollars) for the head of a man who today leads the Islamic militants who have seized large areas in Syria and Iraq.

During the war in Iraq, he was a prisoner of the Americans.

The U.S. military captured a man known by the pseudonym Abu Bakr al-Baghdadi in 2005, and kept him for four years in Camp Bucca prison, in southern Iraq.

However, after the United States wound back military operations in Iraq, president George W. Bush signed an agreement, according to which all prisoners were handed over to the Iraqi authorities. It was them who released Baghdadi, in 2010.

In the same year, Baghdadi headed a group called 'Islamic State of Iraq and the Levant', which has now become a serious threat to the Iraqi government and intends to create a caliphate spanning several countries in the Middle East.

«Талибан» неоднократно нападал на конвои НАТО в Афганистане, однако остается неясным, предназначалось ли это топливо для сил Альянса.

Талибы участили нападение на силы НАТО, планирующие покинуть Афганистан к концу этого года.

Если новый президент Афганистана подпишет соглашение о безопасности с США, порядка 10 тысяч американских военных останутся в стране.

США объявили вознаграждение за голову нынешнего лидера ИГИЛ еще три года назад

Группировка, возглавляемая аль-Багдади, намерена создать халифат на территории ряда государств Ближнего Востока.

Служба новостей «Голоса Америки» Обновлено 06.07.2014

Почти три года назад США объявили вознаграждение (его сумма составляла 10 миллионов долларов) за голову человека, сегодня возглавляющего боевиков-исламистов, захвативших значительные территории в Сирии и Ираке.

Во время войны в Ираке он находился в плену у американцев.

Американские военные захватили человека, известного под псевдонимом Абу Бакр аль-Багдади, в 2005 году и четыре года держали его в тюрьме Кемп Букка на юге Ирака.

Однако после того, как Соединенные Штаты свернули военные операции в Ираке, президент Джордж Буш-младший подписал соглашение, в соответствии с которым все заключенные были переданы иракским властям. Они-то и освободили Багдади в 2010 году.

В том же году Багдади возглавил группировку «Исламское государство Ирака и Леванта», сегодня превратившейся в серьезную угрозу для иракского правительства и намеревающейся создать халифат на территории нескольких стран Ближнего Востока.

Passengers flying to the U.S. forbidden to carry dead electronics

Cell phones and laptops will be included in the additional inspection measures, while the new measures will only be introduced in some airports.

The news service: "Voice of America" Updated 07/07/2014

Passengers flying to the U.S. from some foreign airports need to include their cell phones, laptops, and other electronic devices in the new security regime.

In a brief statement that the U.S. Transportation Security Administration (TSA) released on Sunday, it said that any 'dead' devices will not be allowed to be carried on board, and their owners may be subject to further examination.

The TSA report does not given any additional details. Also, it does not specify in which airports the enhanced screening measures will apply.

Last week, the secretary for homeland security, Jay Johnson, instructed the TSA to introduce new security measures at airports having direct flights to the U.S., but he gave no details about the nature of the measures mentioned.

The changes came at a time when passengers flying to the U.S. from Europe and the Middle East continue to be subject to careful examination.

Analysts explain that these measures come from intelligence data suggesting militants associated with al-Qaeda are developing new types of explosives that would not be detected during inspection of passengers and luggage.

Tripartite Liaison Group calls for a political settlement of the situation in eastern Ukraine

In Kiev, a meeting of representatives of the OSCE, Russia, and Ukraine has taken place.

Пассажирам, вылетающим в США, запретили проносить разряженную электронику

Сотовые телефоны и ноутбуки придется включать при досмотре. Пока новые меры введены только в некоторых аэропортах.

Служба новостей «Голоса Америки» Обновлено 07.07.2014

Пассажирам, вылетающим в США из некоторых зарубежных аэропортов, потребуется включать свои сотовые телефоны, ноутбуки и другие электронные устройства в рамках новых мер безопасности.

В кратком сообщении американского Управления по безопасности на транспорте (УБТ), выпущенном в воскресенье, говорится, что разряженные устройства не разрешат пронести на борт, а их владельцев могут подвергнуть дополнительному досмотру.

Дополнительных подробностей в сообщении УБТ не приводится. Также не указывается, в каких аэропортах будут применяться меры усиленного досмотра.

На прошлой неделе министр национальной безопасности Джей Джонсон поручил УБТ ввести новые меры безопасности в аэропортах, откуда осуществляются прямые рейсы в США, но никаких деталей о характере мер тогда не сообщалось.

Нововведения появились в период, когда пассажиры, вылетающие в США из стран Европы и Ближнего Востока, продолжают подвергаться тщательному досмотру.

Аналитики объясняют эти меры данными разведки, говорящими о том, что связанные с «Аль-Кайдой» боевики разрабатывают новые виды взрывчатки, которые не обнаруживались бы при досмотре пассажиров и багажа.

Трехсторонняя контактная группа призывает к политическому урегулированию ситуации на востоке Украины

В Киеве состоялось заседание представителей ОБСЕ, Украины и России.

Kiev — The trilateral contact group of senior representatives from Ukraine, Russia, and the OSCE urges "all actors" in the conflict in the east of the country to meet again "as soon as possible" and to agree on a resolution of the situation.

This is stated in a communiqué issued on the official website of the Organization for Security and Cooperation in Europe, after a meeting of senior representatives of the Tripartite Liaison Group on July 6 in Kiev.

"The Contact Group believes that the next round of consultations should take place without delay.

Members of the group called on all actors to accept the proposal of the Contact Group to meet again as soon as possible," it said in a statement after a meeting of the group.

While the composition of the group was not revealed, it said that in the course of negotiations, the parties recognized the need to "urgently demonstrate concrete progress towards a peaceful settlement of the crisis", based on the "peace plan of President Poroshenko and the Joint Declaration by the four foreign ministers, adopted in Berlin on July 2, 2014."

At the same time, as reported by the Ukrainian National News Agency, the German Foreign minister, Frank-Walter Steinmeier, strongly advises that the contact group, with the participation of officials from Ukraine, Russia, and the OSCE, begin negotiations with the separatists to reach agreement on a cease-fire in eastern Ukraine.

He stated this on Monday, July 7, during his visit to Mongolia, it was reported, citing a statement by the press service of the German ministry of Foreign Affairs.

КИЕВ — Трехсторонняя контактная группа высокопоставленных представителей от Украины, России и ОБСЕ призывает «все действующие лица» конфликта на востоке страны провести следующую встречу «как можно скорее» и договориться о разрешении создавшейся ситуации.

Об этом говорится в коммюнике, опубликованном на официальном сайте Организации по безопасности и сотрудничеству в Европе по итогам встречи высокопоставленных представителей Трехсторонней контактной группы 6 июля в Киеве.

«Контактная группа считает, что следующий раунд консультаций должен проходить без задержки.

Участники группы призвали все действующие лица согласиться с предложением Контактной группы провести следующую встречу как можно скорее», — говорится в сообщении по итогам заседания группы.

В информации не сообщается состав участников группы, но говорится о том, что в ходе переговоров стороны признали необходимость «в срочном порядке продемонстрировать конкретный прогресс в деле мирного урегулирования кризиса», на основе «мирного плана президента Петра Порошенко и Совместной декларации четырех министров иностранных дел, принятой в Берлине 2 июля 2014 года».

В тоже время, как сообщает Украинское национальное информационное агентство, министр иностранных дел Германии Франк-Вальтер Штайнмайер настойчиво советует контактной группе при участии официальных представителей Украины, России, и ОБСЕ начать переговоры с сепаратистами с целью достижения договоренности о прекращении огня на востоке Украины.

Об этом он заявил в понедельник, 7 июля, во время своего визита в Монголию, сообщает Укринформ, ссылаясь на заявление пресс-службы немецкого Министерства иностранных дел.

Eduard Shevardnadze has died

The second president of Georgia — and the last Soviet foreign minister — has died in the 87th year of his life.

Nestan Charkviani 07/07/2014

Tbilisi - Today, July 7, after a long illness the second president of Georgia, Eduard Shevardnadze, has died. He was a prominent statesperson of the USSR, and one of the closest associates of Mikhail Gorbachev, as he pursued the policies of perestroika and glasnost, and the easing of international tensions.

Eduard Shevardnadze was born on January 25, 1928, in the village of Mamati in western Georgia, into the family of a teacher of the Russian language.

Over the years, he held various positions, including the post of minister of Internal Affairs of Georgia.

In September 1972, Eduard Shevardnadze was appointed first secretary of the Communist Party of Georgia.

He held this post until he became minister of Foreign Affairs of the USSR in 1985.

Over Shevardnadze's lifetime, three assassination attempts were made: in October 1992, August 1995, and February 1998.

The funeral of ex-president Eduard Shevardnadze will be held on Sunday, the 13th of July. Associated costs will be completely covered by the state.

State Duma and the "repatriation" of personal data

The bill will expand the powers of regulators and impede access to global servers for Russians.

Roman Osharov 08.07.2014

Moscow — The State Duma, the lower house of the Russian parliament, passed a law prohibiting the personal data of Russians on the internet being stored and processed abroad.

Умер Эдуард Шеварднадзе

Второй президент Грузии и последний министр иностранных дел СССР скончался на 87-ом году жизни.

Нестан Чарквиани 07.07.2014

ТБИЛИСИ — Сегодня, 7 июля, после продолжительной болезни скончался второй президент Грузии Эдуард Шеварнадзе, видный государственный деятель СССР, один из ближайших соратников Михаила Горбачева в проведении политики перестройки, гласности и разрядки международной напряженности.

Эдуард Шеварднадзе родился 25 января 1928 года в селе Мамати в западной Грузии в семье учителя русского языка.

В разные годы он занимал различные должности, в том числе пост министра МВД Грузии.

В сентябре 1972 года Эдуард Шеварднадзе был назначен первым секретарем ЦК Коммунистической партии Грузии.

Этот пост он занимал до того как стал министром иностранных дел СССР 1985 году.

На жизнь Шеварднадзе были совершены три покушения: в октябре 1992 года, в августе 1995 года, и феврале 1998 года.

Похороны экс-президент Грузии Эдуарда Шеварднадзе состоятся в воскресенье, 13-го июля. Связанные с этим расходы полностью покроет государство.

Госдума и «репатриация» персональных данных

Законопроект расширит полномочия регуляторов и затруднит доступ россиян к глобальным серверам.

Роман Ошаров 08.07.2014

МОСКВА — Депутаты Госдумы, нижней палаты российского парламента, приняли закон, запрещающий хранить персональные данные россиян, обрабатываемые через Интернет, за рубежом.

The bill will come into force in September 2016, and according to experts, it will deprive Russians of access to a range of global services on the internet, including booking tickets and hotels.

The Federation Council will presumably approve the bill at a meeting on July 9, following the recommendations of the committee on constitutional legislation and state development.

Alexander Torshin, the committee deputy chairperson, explained to the Russian media that foreign companies have enough time to build data centres in Russia, and citizens "would remain unaffected until 2016."

The deputies propose to oblige the owners of services on the internet to record, organize, collect, store, refine, and retrieve personal data of Russia citizens in databases located in Russian territory, including details of their location.

If the service violates the rules for storage of data, it will be blocked by the operator with the approval of the regulator, 'Roskomnadzor'.

Vadim Dengin, co-author of the bill and a deputy from the Liberal Democratic party, explains the need for passing such a bill: currently, information about Russian citizens is stored in the U.S. and in other foreign countries, where it is used (supposedly) by the secret services.

Experts of the Russian Association of Electronic Communications (RAEC) believe that the bill deprives Russians of control over their own personal data.

At the moment the official position and plans of companies providing services on the internet is unknown.

For example, a representative for the hotel booking platform Booking.com said the company intends to continue doing business in Russia after 2016.

Законопроект, вступающий в силу с сентября 2016 года, по мнению экспертов, может лишить россиян доступа к ряду глобальных сервисов в Интернете, включая бронирование билетов и отелей.

Совет Федерации, предположительно, одобрит законопроект на заседании 9 июля, следуя рекомендации комитета по конституционному законодательству и государственному строительству.

Как рассказал российским СМИ заместитель председателя комитета Александр Торшин, у зарубежных компаний достаточно времени, чтобы создать дата-центры на территории России, а граждане «никак не пострадают до 2016 года».

Депутаты предлагают обязать владельцев сервисов в Интернете записывать, систематизировать, накапливать, хранить, уточнять, а также извлекать персональные данные граждан России в базах данных, расположенных на территории России, с указанием сведений о месте их расположения.

Если сервис нарушит правила по хранению данных, то будет заблокирован оператором с санкции регулятора «Роскомнадзора».

Соавтор законопроекта, депутат от ЛДПР Вадим Деньгин, объясняет необходимость принятия законопроекта тем, что в настоящее время информация о российских пользователей попадает в США и другие иностранные государства, где используются, в том числе, якобы, спецслужбами.

Эксперты Российской ассоциации электронных коммуникаций (РАЭК) считают, что законопроект лишает россиян права распоряжаться своими собственными персональными данными.

В настоящее время официальная позиция и планы компаний, предоставляющих сервисы в Интернете неизвестна.

К примеру, представитель платформы для бронирования гостиниц Booking.com заявил, что компания намерена продолжить ведение бизнеса в России после 2016 года.

The famous Russian blogger Rustem Adagamov believes that large foreign companies like Google and Apple will not put their servers in Russia.

"The bill cannot be taken seriously," Adagamov told the Russian service of 'Voice of America'.

"I hope that, with 2 years before the bill enters into force, there will be time to reason with the deputies."

According to Paul Rassudov, a representative of the 'Pirate party', the new legislation will be directed against sites and online platforms that do not please the Russian authorities;

"The law does not bring anything new to the field of the protection of personal data, but only expands the powers of regulators," Rassudov said to the Russian service of 'Voice of America'.

According to experts, the authors of the bill do not understand how the internet works, including how governments carry out intelligence gathering using new information technologies.

Andrei Soldatov, creator of the website Agentura.ru, believes that, in the field of intelligence on the internet, the Russian security services behave the same way as the Americans.

"The Russian special services have access to personal data from Russian services and operators.

The essence of the Act is to facilitate access by the Russian security services to personal data," Soldatov told the Russian service of 'Voice of America'.

According to him, previous experience shows that foreign internet companies already make concessions to the Russian security services.

"Moreover, the intelligence agencies, both Russian and American, can take possession of information not only in the place where it is stored, but also in the communication channels through which information flows to data centres," Soldatov summed up.

Известный российский блогер Рустем Адагамов считает, что крупные зарубежные компании, как Google или Apple, не будут размещать свои серверы на территории России.

«Законопроект невозможно рассматривать всерьез, — рассказал Адагамов Русской службе «Голоса Америки».

— Надеюсь, что за 2 года до вступления законопроекта в силу найдутся силы, которые будут способны вразумить депутатов».

По мнению представителя «Пиратской партии» Павла Рассудова, новое законодательство направлено против сайтов и платформ в Интернете, которые будут не угодны российским властям;

«Закон не вносит ничего нового в сферу защиты персональных данных, а только расширяет полномочия регуляторов», — рассказал Русской службе «Голоса Америки» Рассудов.

По словам эксперта, авторы законопроекта не понимают, как работает Интернет, в том числе, как правительства осуществляют разведку, используя новые информационные технологи.

Андрей Солдатов, создатель сайта Agentura.ru, считает, что спецслужбы России в области разведки в Интернете ведут себя также, как и американские.

«В России спецслужбы имеют доступ к персональным данным российских сервисов и операторов.

Суть закона заключается в том, чтобы упростить доступ спецслужб России к персональным данным», — рассказал Русской службе «Голоса Америки» Солдатов.

По его словам, предыдущий опыт показывает, что зарубежные Интернет-компании идут на уступки российским спецслужбам.

«Более того, спецслужбы, как российские, так и американские, могут завладеть информаций не только в том месте, где они хранятся, а по каналам связи, через которые информация поступает в дата-центры», — резюмировал Солдатов.

Afghanistan elections

Russian experts believe that the borders of the former USSR may again become a tinderbox.

Danila Galperovich 08.07.2014

The preliminary results of the presidential election in Afghanistan was announced on July 7.

According to the Independent Election Commission of Afghanistan, from preliminary estimates, the winner is Ashraf Ghani Ahmadzai — a former finance minister of Afghanistan, and formerly a citizen of the United States —, with a score of 56.44% of the vote.

His main rival, former Foreign minister Abdullah Abdullah, received 43.56% of votes.

Announcement of preliminary data is heightening tensions in Afghanistan: Abdullah Abdullah has refused to recognize these figures as being credible, and stated that the results of the elections were rigged.

The Afghan presidential election was held in two rounds: in the first round, held in April, there was no official winner, but Abdullah was ahead with 44.9% of the vote, against 32.5% for Ahmadzai.

Final election results will be announced on July 24, and the inauguration of the new leader of Afghanistan must take place on 2 August.

Ukraine: negotiate or surrender weapons first?

Russia insists on ceasefire negotiations, but Kiev is promising to continue its offensive in the absence of disarmament by separatists.

Daniel Schearff Updated 07/09/2014

MOSCOW - Russia is calling on the Ukrainian authorities to negotiate a cease-fire after the separatists in the south-east of Ukraine retreated to the two main cities that they control, Donetsk and Lugansk.

Афганистан Выборы

Российские эксперты полагают, что на границах бывшего СССР может снова возникнуть очаг напряженности.

Данила Гальперович 08.07.2014

7 июля в Афганистане были объявлены предварительные результаты выборов президента страны.

Согласно заявлению Независимой избирательной комиссии Афганистана, победу, по предварительным подсчетам, одерживает экс-министр финансов Афганистана, в прошлом гражданин Соединенных Штатов Ашраф Гани Ахмадзай с результатом в 56,44% голосов.

Главный его соперник, бывший глава МИД страны Абдулла Абдулла, получил 43,56% голосов избирателей.

Объявление предварительных данных усилило напряженность в Афганистане — Абдулла Абдулла отказался признавать эти цифры достоверными и заявил, что результаты выборов сфальсифицированы.

Выборы президента Афганистана проходили в два тура: в первом туре, прошедшем в апреле, победитель выявлен не был, но тогда Абдулла лидировал с результатом 44,9% голосов против 32,5 у Ахмадзая.

Окончательно результаты выборов будут объявлены 24 июля, а инаугурация нового главы Афганистана должна пройти 2 августа.

Украина: переговоры или сдача оружия — что раньше?

Россия настаивает на переговорах о прекращении огня, однако Киев обещает продолжать свое наступление при отсутствии разоружения сепаратистов.

Дэниел Шерфф Обновлено 09.07.2014

МОСКВА - Россия призывает украинские власти вступить в переговоры о прекращении огня, после того как сепаратисты на юго-востоке Украины отступили в два основных города, которые они контролируют — Донецк и Луганск.

However, Kiev is promising to continue its offensive, maintaining that the separatists must first lay down their arms.

Once the government army forced separatists to leave Slovyansk, which was their stronghold, they set up checkpoints and strengthened barriers [in and around Donetsk and Lugansk].

The unexpected retreat occurred after the president of Ukraine, Petro Poroshenko, announced the end of a ten-day truce, and ordered troops to take control of the territory held by separatists.

In this earlier truce, some separatist groups refused to abide by the ceasefire.

The EU is threatening to impose new sanctions against Russia if it does not make extra efforts to contain separatists.

However, Russian Foreign minister Sergei Lavrov said that he was not worried about the threat of expanding sanctions.

"I have to be honest, I am no longer sure what agreements are accepted in the European Union, in terms of any a new approach on "black," "grey," or other coloured lists.

We are not interested in it, only the urgent need to stop the bloodshed," said the head of the Russian Foreign ministry, during his visit to Slovenia on Tuesday.

In turn, the minister of Foreign Affairs of Ukraine, Pavlo Klimkin, did not rule out the possibility of successful cease-fire negotiations, referring to the debate taking place between the representatives of Ukraine, Russia, and the separatists, which is being facilitated by the OSCE.

According to Klimkin, the Ukrainian side needs a consistent and clear signal, including from Russia, that the separatists are willing to discuss a bilateral ceasefire.

Однако Киев обещает продолжать свое наступление, заявляя, что сначала сепаратисты должны сложить оружие.

После того как правительственная армия заставила сепаратистов покинуть Славянск, который был их оплотом, они устанавливают блокпосты и укрепляют заграждения.

Неожиданное отступление произошло после того, как президент Украины Петр Порошенко объявил об окончании десятидневного перемирия и приказал войскам взять под контроль удерживаемую сепаратистами территорию.

При этом ранее некоторые группы сепаратистов отказывались соблюдать режим прекращения огня.

Евросоюз угрожает ввести новые санкции против России, если она не предпримет дополнительных усилий по сдерживанию сепаратистов.

Однако министр иностранных дел России Сергей Лавров заявил, что его не волнует угроза расширения санкций.

«Я уже, честно говоря, перестал следить за тем, какие договоренности принимаются в Евросоюзе, какие назначаются сроки для нового рассмотрения очередных «черных», «серых» или другого цвета списков.

Нас интересует не это, а необходимость срочно прекратить кровопролитие», — заявил глава российского МИДа в ходе визита в Словению во вторник.

В свою очередь министр иностранных дел Украины Павел Климкин не исключил возможности переговоров о прекращении огня, сославшись на дискуссии, которые идут между представителями Украины, России и сепаратистов при посредничестве ОБСЕ.

По словам Климкина, украинской стороне нужен последовательный четкий сигнал, в том числе со стороны России, что сепаратисты готовы обсуждать двустороннее прекращение огня.

The Tripartite Liaison Group, he said, is doing everything possible to continue this rather complicated dialogue, for the sake of saving lives.

However, Ukrainian authorities want separatists to lay down their arms first, much of which, according to Kiev, have come to them from Russia.

The separatist retreat following several months of confrontation has also encouraged Kiev.

However, according to some analysts, Slovyansk was only of strategic importance if Russia was planning a full-scale invasion of Ukraine.

"After Vladimir Putin decided, I think, to not officially invade Ukraine, and to act only through the separatists and guerrilla groups, providing them with various forms of support, Slovyansk lost its meaning," says the founder and director of the Moscow Institute of National Strategy, Stanislav Belkovsky.

"Therefore, all the power is concentrated in Donetsk and Lugansk. And president Poroshenko has said that he will not bomb these cities."

Political analysts agree that a cease-fire is in the interests of both Ukraine and Russia, while Moscow wants it to be lengthy, because in this case it will get more leverage.

However, many agree that if a cease-fire is not reached in the near future, the possibility is that Russia might go for more direct interference involving the participation of the armed forces, to prevent the collapse of the uprising.

A military columnist for 'Novaya Gazeta', Pavel Felgenhauer, said that president Vladimir Putin may decide to act before bad weather and troop rotations.

Трехсторонняя контактная группа, сказал он, делает все возможное, чтобы продолжать этот довольно сложный диалог ради спасения жизни людей.

Однако украинские власти хотят, чтобы сначала сепаратисты сложили оружие, значительная часть которого, по заявлениям Киева, попала к ним из России.

Отступление сепаратистов после нескольких месяцев противостояния также воодушевило Киев.

Но, по мнению некоторых аналитиков, Славянск имел стратегическое значение только в том случае, если Россия планировала полномасштабное вторжение в Украину.

«После того как Владимир Путин решил, как я думаю, официально не вторгаться в Украину, а действовать только через сепаратистов и партизанские группы, оказывать им различные формы поддержки, Славянск утратил свое значение, — говорит основатель и директор московского Института национальной стратегии Станислав Белковский.

— Поэтому все силы сконцентрировались в Донецке и Луганске. — А президент Порошенко уже заявил, что эти города бомбить не будут».

Политологи соглашаются, что прекращение огня отвечает интересам как Украины, так и России, хотя Москва хочет, чтобы оно было продолжительным, поскольку в этом случае она получит больше рычагов влияния.

Однако многие соглашаются, что если прекращение огня не будет достигнуто в ближайшее время, повышается вероятность, что Россия может пойти на более прямое вмешательство с участием своих вооруженных сил, чтобы предотвратить крах восстания.

Военный обозреватель «Новой газеты» Павел Фельгенгауэр говорит, что президент Владимир Путин может решить действовать до наступления плохой погоды и до ротации войск.

"Right now, starting from July 13-14, and sometime before mid-September, is the most dangerous time — when Russia has the potential to invade and only needs a political decision," he says.

According to Felgenhauer, Russia may decide to fly its military aircraft over Donbas to warn Kiev of new actions against the separatists.

"It is clear that without air support, even with heavy weapons, it cannot maintain a military balance in the current situation," he says.

"Therefore, the last step before an actual full-scale invasion with a peacekeeping operation is the use of the Russian Air Force.

I think it is quite likely, but not now; perhaps next week."

However, such aggressive military manoeuvres will lead to calls for new sanctions against Russia, which is already facing an economy heading into recession.

«Прямо сейчас, начиная с 13-14 июля и где-то до середины сентября — самое опасное время, когда у России есть потенциал для вторжения и нужно только политическое решение», — говорит он.

По словам Фельгенгауэра, Россия может решиться на полеты своих военных самолетов над Донбассом, чтобы предостеречь Киев от новых действий против сепаратистов.

«Ясно, что без воздушной поддержки даже с помощью тяжелого вооружения нельзя поддерживать военный баланс в текущей обстановке, — говорит он.

— Поэтому последним шагом перед непосредственным вторжением с полномасштабной миротворческой операцией является использование российских ВВС.

Думаю, это вполне вероятно, но не сейчас, а на следующей неделе».

Но подобные агрессивные военные маневры приведут к призывам о введении новых санкций против России, которые уже сталкивают ее экономику к рецессии.

Chapter 3

Israel intensifies the military operation against Hamas

Israeli aircraft have carried out more than 400 raids on targets in the Gaza Strip, but the militants say they are ready to fight for a long time.

07/09/2014 17:11 Robert Berger

JERUSALEM - Israel has raised the intensity of attacks on the Gaza Strip during the second day of a large-scale military operation. At least twenty Palestinians have been killed.

One after the other, explosions thundered in Gaza, as Israel launched air strikes on more than 200 positions of the Islamist group Hamas and other armed Palestinian groups.

According to the Israeli army, among the targets were the homes of Hamas leaders, transportation tunnels for smuggling goods, and weapons depots.

On Tuesday, when the operation — designed to force the Palestinians to stop the rocket attacks — began, Israel carried out more than 400 air strikes.

According to the minister of intelligence and strategy, Yuval Steinitz, the Israelis are not going to stop.

"This operation will not be short," Steinitz said in an interview with Israel Radio, "because we are determined to restore peace and tranquillity to the country for the citizens of Israel."

According to him, the army would have dealt a serious blow to the military capacity of Hamas.

Steinitz added that Israel is preparing for a possible ground operation, after the government acknowledged that the army has called up 40,000 reservists.

Hamas, in turn, is not giving up, continuing to launch rockets deeper into Israel, including on Jerusalem, Tel Aviv, and other cities.

Глава 3

Израиль активизирует военную операцию против ХАМАС

Израильская авиация нанесла более 400 ударов по объектам в секторе Газа, но боевики заявляют, что готовы сражаться долго.

09.07.2014 17:11 Роберт Бергер

ИЕРУСАЛИМ - Израиль повысил интенсивность ударов по сектору Газа во второй день масштабной военной операции. Погибли не менее двадцати палестинцев.

Один за другим взрывы гремели в Газе, когда Израиль нанес более 200 авиаударов по позициям исламистской группировки ХАМАС и другим палестинским вооруженным формированиям.

По словам израильской армии, среди объектов были дома лидеров ХАМАС, туннели для перевозки контрабандных товаров и склады оружия.

Со вторника, когда началась операция, призванная заставить палестинцев прекратить ракетные атаки, Израиль нанес уже более 400 авиаударов.

Как заявил министр разведки и стратегии Юваль Штайниц, на этом израильтяне останавливаться не собираются.

«Эта операция не будет короткой, - заявил Штайниц в интервью израильскому радио, - потому что мы твердо намерены восстановить мир и спокойствие в стране для граждан Израиля».

По его словам, армия нанесет серьезный удар по военным мощностям ХАМАС.

Штайниц добавил также, что Израиль готовится к возможной наземной операции, после того, как правительство дало согласие на то, чтобы армия призвала 40 000 резервистов.

ХАМАС в свою очередь не сдается, продолжая запускать ракеты все дальше вглубь Израиля, в том числе - по Иерусалиму, Тель-Авиву и другим городам.

Many were shot down by the Israeli 'Iron Dome' missile system.

Hamas spokesperson Mushir al-Masri spoke to reporters in Gaza to the sounds of exploding bombs nearby.

According to him, if Israel believes that Hamas' arsenal can be devastated in a few days, weeks, or months, it is deeply mistaken, because the group is ready to fight for a long time.

Justice minister: the return of Crimea is the country's top priority
Taras Burnoc 07/10/2014

Kiev - Ukraine will never recognize the occupation of Crimea, and in the legal field will make every effort to have control of the peninsula returned.

This was said on July 10 in Kiev by Justice minister Pavel Petrenko, during a briefing at Government House, dedicated to the annexation of the peninsula and human rights.

According to the minister of Justice of Ukraine, the Russian side is probably counting on the fact that the official attention of Kiev and the international community to the situation on the peninsula is blunted because of the conflict in the Donetsk and Lugansk regions.

"Russian occupiers think that what is happening in the east, can distract from the situation in Crimea.

Although terrorists and gangsters are operating in the east, the issue of Crimea remains for us in first place.

This is a wound that will heal only when Crimea is released from Russian aggressors," Pavel Petrenko said.

The minister stressed that Ukraine hopes for the world's attention on the problem of the occupation of Crimea and the realization that "Crimea has always been, is, and will be the territory of Ukraine."

Многие ракеты были сбиты израильской противоракетной системой «Железный купол».

Представитель ХАМАС Мушир аль-Масри выступил перед журналистами в Газе под звуки разрывающихся неподалеку бомб.

По его словам, если Израиль считает, что может опустошить арсеналы ХАМАС за несколько дней, недель или месяцев, то он глубоко ошибается, поскольку группировка готова сражаться долго.

Министр юстиции Украины: вопрос возвращения Крыма — первоочередная задача страны
Тарас Бурнос 10.07.2014

Киев — Украина никогда не признает оккупацию Крыма и сделает в правовом поле все возможное для возвращения контроля над полуостровом.

Об этом 10 июля в Киеве во время брифинга в Доме правительства, посвященного аннексии полуострова и правам человека, заявил министр юстиции Павел Петренко.

По словам министра юстиции Украины, российская сторона, вероятно, рассчитывает на то, что внимание официального Киева и международной общественности к ситуации на полуострове притупилось в связи с конфликтом в Донецкой и Луганской областях.

«Российские оккупанты думают, что то, что происходит на востоке, может отвлечь от ситуации в Крыму.

Хотя на востоке орудуют террористы и бандиты, вопрос Крыма для нас остается на первом месте.

Это та рана, которая заживет только тогда, когда Крым будет освобожден от российских агрессоров», — сказал Павел Петренко.

Министр подчеркнул, что Украина надеется на внимание мировой общественности к проблемам оккупации Крыма и пониманию того, что «Крым всегда был, есть и будет территорией Украины».

On the situation surrounding the cases of the abduction and detention in Russia of Crimean filmmaker Oleg Sentsova and Ukrainian military pilot Nadezhda Savchenko, the minister of Justice did not rule out the need to give them the status of "prisoners of conscience."

"Officially, Kiev is trying to use all diplomatic and legal tools to address this problem.

We are preparing appeals to international organizations, based on the fact that these people are prisoners of conscience," Pavel Petrenko said.

Savchenko. Kidnapping Case

How did a Ukrainian servicewoman turn up in a Russian prison?

Victor Vasiliev Updated 7/10/2014

MOSCOW - Ukraine's Armed Forces lieutenant Nadezhda Savchenko was captured by pro-Russian separatists in eastern Ukraine, and is now in jail in the Russian city of Voronezh.

The Investigative Committee of Russia argue that Savchenko was detained in Russia after crossing the border without documents, under the guise of being a refugee.

She was charged with involvement in the murder of journalists in Lugansk. She has been taken into custody and may be held until August 30.

Ukraine's Foreign ministry issued an official statement in which it said that with the "blatant kidnapping of Ukrainian citizens on the territory of our country, the Russian authorities not only violate all possible rules of international law, but also transcend the basic norms of decency and morality."

Kiev demanded the immediate release of Savchenko and her homecoming.

The U.S. State department considers the detention of Nadezhda Savchenko "clear evidence" of the connections between the militias in the east of Ukraine and Russia.

Относительно ситуации вокруг дел о похищении и содержании под стражей на территории России крымского кинорежиссера Олега Сенцова и украинского военного пилота Надежды Савченко, министр юстиции не исключил необходимости придания им статуса «узников совести».

«Официальный Киев пытается задействовать все дипломатические и юридические инструменты для решения этой проблемы.

Мы готовим обращения к международным организациям, фактически, эти люди являются узниками совести», — сказал Павел Петренко.

Савченко. Дело о похищении

Как украинская военнослужащая оказалась в российском СИЗО?

Виктор Васильев Обновлено 10.07.2014

МОСКВА — Лейтенант ВС Украины Надежда Савченко была захвачена пророссийскими сепаратистами на востоке Украины, и ныне находится в СИЗО российского Воронежа.

В Следственном комитете России (СКР) утверждают, что Савченко была задержана в России после того, как пересекла границу без документов, под видом беженки.

Ей предъявлено обвинение в причастности к убийству журналистов ВГТРК под Луганском. Она заключена под стражу на срок до 30 августа.

МИД Украины опубликовал официальное заявление, в котором говорится, что «Открыто похищая граждан Украины на территории нашего государства, российские власти не только нарушают все возможные нормы международного права, но и уже переступают элементарные нормы приличия и морали».

Киев потребовал немедленного освобождения Савченко и ее возвращения на родину.

Госдепартамент США считает задержание Надежды Савченко «очевидным подтверждением» связей между ополченцами на востоке Украины и РФ.

As stated by the Assistant secretary of State, Victoria Nuland, it is a "clear violation of international law and human rights."

According to political scientist and military analyst Alexander Goltz, the report about Nadezhda Savchenko proves the presence of direct contacts and coordination between the Russian authorities and armed separatists in the south-east of Ukraine.

"This is evidenced by the Ukrainian military intelligence statement that Savchenko was captured during militia clashes at the time," he added, in an interview with the Russian service of 'Voice of America'.

"The fact that she then appeared in a prison in Russia territory means that they passed her on to Russian law enforcement agencies."

Germany is investigating a second case of alleged espionage on behalf of the U.S.

According to German media, a ministry of Defence employee is under suspicion

The news service: "Voice of America" Updated 10/07/2014

German authorities are investigating a second case of espionage allegedly involving the United States, a week after the arrest of an employee from the German intelligence community once again marred relations between the two countries.

German federal prosecutors said on Wednesday that police raided a house in Berlin based on "suspicions of activities in support of intelligence agencies."

They did not specify what kind of agency was in question, saying only that no arrests have been made yet.

Как заявила помощник госсекретаря Виктория Нуланд, речь идет о «явном нарушении международных норм и прав человека».

По мнению политолога и военного аналитика Александра Гольца, история с Надеждой Савченко лишний раз доказывает наличие прямых контактов и координации действий между российскими властными структурами и вооруженными сепаратистами на юго-востоке Украины.

«Об этом свидетельствует и внятное заявление украинских военных, что Савченко была захвачена в плен ополченцами в момент боестолкновения, — добавил он в интервью Русской службе «Голоса Америки».

— То, что она после этого оказалась на территории России в тюрьме означает, что они передали ее российским правоохранительным органам».

Германия расследует второй случай предполагаемого шпионажа в пользу США
По сообщениям германских СМИ, под подозрением оказался один из сотрудников министерства обороны.

Служба новостей «Голоса Америки» Обновлено 10.07.2014

Германские власти расследуют второй случай шпионажа, в котором якобы замешаны США, через неделю после того как арест сотрудника германской разведки вновь омрачил отношения между двумя странами.

Германские федеральные прокуроры сообщили в среду, что полиция провела обыск в одном из домов Берлина по «возникшим подозрениям в деятельности в пользу разведывательного агентства».

О каком агентстве идет речь, они не уточнили, отметив только, что никаких арестов пока произведено не было.

"We are investigating two cases of alleged espionage on the basis of very serious suspicions," the government spokesperson, Steffen Seibert, later told reporters.

He declined to give details, citing the secrecy of the investigation.

The newspaper Süddeutsche Zeitung, without specifying sources, reported that the person under investigation worked in the ministry of Defence of Germany, and is suspected of spying for the United States.

News site Spiegel Online, also without naming sources, reported that the suspect worked in a department associated with international security policy, and caused suspicion within the German military counterintelligence agency due to his close contacts with the alleged American spies.

A Defence ministry spokesperson, lieutenant colonel Uwe Roth, refused to confirm these reports, noting that the case "is in the domain of responsibility of the ministry," and that the minister, Ursula von der Leyen, was informed about it.

State Department officials accompanying secretary of State John Kerry on his trip to Beijing have not yet given their comments.

The White House also declined to comment, although spokesperson Josh Ernest repeated that the U.S. valued the "important partnership" with representatives of the German secret service.

According to him, diplomats from the two countries are working hard to resolve the situation that relates to the emerging reports.

Last week, German authorities arrested a 31-year-old German intelligence officer on suspicion of spying for foreign powers since 2012.

German media reported that he was spying for the U.S. and attracted the attention of authorities when he recently offered his services to Russian officials in Germany by email.

«Мы проводим расследование по двум случаям предполагаемого шпионажа, на основе очень серьезных подозрений», — позднее сообщил журналистам представитель правительства Штеффен Зайберт.

Он отказался сообщить подробности, сославшись на тайну следствия.

Газета Süddeutsche Zeitung, не указывая источников, сообщила, что человек, в отношении которого ведется расследование, работал в министерстве обороны Германии и подозревается в шпионаже в пользу США.

Новостной сайт Spiegel Online, также не называя источников, сообщил, что подозреваемый работал в отделе, связанном с международной политикой в области безопасности, и вызвал подозрения у германской военной контрразведки в связи с его тесными контактами с предполагаемыми американскими шпионами.

Представитель министерства обороны подполковник Уве Рот отказался подтвердить эти сообщения, отметив, что данное дело «входит в зону ответственности министерства», и что министр Урсула фон дер Ляейн была проинформирована о нем.

Представители Госдепартамента, сопровождающие госсекретаря Джона Керри в его поездке в Пекин, пока не дали своих комментариев.

Белый дом также отказался от комментариев, хотя пресс-секретарь Джош Эрнест повторил, что США ценят «важные партнерские связи» с представителями германских спецслужб.

По его словам, дипломаты двух стран работают над урегулированием ситуации в связи с появившимися сообщениями.

На прошлой неделе германские власти арестовали 31-летнего сотрудника германской разведки по подозрению в шпионаже в пользу иностранных держав с 2012 года.

Германские СМИ сообщили, что он шпионил в пользу США и привлек внимание властей, когда недавно предложил свои услуги российским официальным лицам в Германии по электронной почте.

Putin has begun a tour of Latin American in Cuba

Commentators in Moscow say that Russia does not want a deterioration in relations with Latin America.

Danila Galperovich 07/11/2014

MOSCOW. Russian president Vladimir Putin arrived in Cuba on July 11, as part of his tour of Latin America.

The main features on his Cuban itinerary, according to news agencies, will be a conversation with the retired leader of the Cuban Revolution, Fidel Castro, as well as talks with his brother, Raul Castro, the chairperson of the State Council and the government of Cuba.

Putin's visit to Cuba makes it the second — the first time he visited the island was in December 2000.

Before this visit to Havana, Cuba, Putin made a large financial gift: he signed a federal law to write off 90 percent of Cuba's debt to the Soviet Union.

The remaining 10 percent of the Cuban debt to the USSR will be repaid over 10 years in equal semi-annual instalments.

Before the trip, Vladimir Putin himself called the amount of the debt "huge: more than $35 billion," meaning a total write-off of approximately $31.5 billion.

After the visit to Cuba, Vladimir Putin will travel to Buenos Aires for talks with the leadership of Argentina, and then visit Rio de Janeiro to attend the ceremony of the transfer of rights from Brazil for the FIFA World Cup, which Russia will host in 2018.

Then, in the capital of Brasilia, Russian-Brazilian negotiations will be held; and in Fortaleza, leaders will be attending the BRICS (Brazil, Russia, India, China and South Africa) summit — at which the president of Russia will be a participant.

Путин начал латиноамериканское турне с Кубы

Комментаторы в Москве говорят, что в Латинской Америке не хотят ухудшения отношений с Россией.

Данила Гальперович 11.07.2014

МОСКВА. Президент России Владимир Путин прибыл 11 июля на Кубу в рамках своего турне по странам Латинской Америки.

Главными пунктами его кубинской программы, по сообщениям информагентств, станет беседа с отошедшим от дел лидером кубинской революции Фиделем Кастро, а также переговоры с его братом, председателем Госсовета и правительства Кубы Раулем Кастро.

Визит на Кубу Путин совершает во второй раз — впервые он посетил остров в декабре 2000 года.

Перед нынешним приездом в Гавану Путин сделал Кубе большой финансовый подарок — он подписал федеральный закон о списании 90 процентов долга Кубы перед Советским Союзом.

Остальные 10 процентов кубинского долга перед СССР будут погашаться в течение 10 лет равными полугодовыми платежами.

Сумму долга сам Владимир Путин перед поездкой назвал «огромной, более 35 миллиардов долларов», соответственно, списанию подлежит сумма примерно в 31,5 миллиарда.

После завершения визита на Кубу Владимир Путин отправится в Буэнос-Айрес на переговоры с руководством Аргентины, а затем посетит Рио-де-Жанейро для участия в церемонии передачи Бразилией права проведения чемпионата мира по футболу, который Россия должна принять в 2018 году.

Затем в столице страны Бразилиа состоятся российско-бразильские переговоры, а в городе Форталеза — саммит лидеров стран БРИКС (Бразилия, Россия, Индия, Китай и Южная Африка), в котором президент России примет участие.

Russia has closed three border crossings with Ukraine

Moscow has protested at the shelling of the 'Gukovo' border crossing, accusing the Ukrainian security services.

Russian service: "Voice of America" Updated 11/07/2014

Russian authorities have reported on the closure of three major border crossings due to violent clashes in Ukraine.

For its part, the Ukrainian authorities have reported that it has once again gained control of one of the crossings, which was in the hands of the separatists.

The Russian Foreign ministry blamed the shelling of 'Gukovo' on the Ukrainian security services.

Moscow described the incident as "a gross violation of the fundamental principles of international law."

"The Russian side has made a strong protest to the Ukrainian side, and demands it stop attacks on Russian territory.

In case of further repetition of similar cases, all the responsibility for the consequences will fall on the Kiev authorities," the Russian Foreign ministry said in a statement.

Pro-Russian separatists in eastern Ukraine declared independence, resulting in more than three months of fighting with Ukrainian government troops.

A few days ago, the Ukrainian army went on the offensive, pushing separatists closer to the Russian border.

Experts: the Ukrainian issue will not be discussed at the BRICS summit

Does the World Cup eclipse a meeting of the leaders of the 'growing economic powers'?

Yulia Savchenko 07/11/2014

The next summit of the BRICS countries will be held on July 14-15 in Brazil.

It will begin while the passion of the finals of the World Cup would have not yet subsided.

Россия закрыла три перехода на границе с Украиной

Москва заявила протест в связи с обстрелом погранперехода «Гуково», обвинив в нем украинских силовиков.

Русская служба «Голоса Америки» Обновлено 11.07.2014

Российские власти сообщили о закрытии трех крупных пограничных переходов в связи с ожесточенными столкновениями в Украине.

Со своей стороны, украинские власти сообщили, что вновь взяли под контроль один из переходов, который находился в руках сепаратистов.

Российский МИД возложил ответственность за обстрел «Гуково» на украинских силовиков.

Москва охарактеризовала инцидент как «грубое нарушение основополагающих принципов международного права».

«Российская сторона заявляет украинской стороне решительный протест и требует прекратить обстрелы российской территории.

В случае дальнейшего повторения подобных случаев вся ответственность за их последствия ляжет на киевские власти», — говорится в заявлении российского внешнеполитического ведомства.

Пророссийские сепаратисты на востоке Украины объявили о независимости и более трех месяцев ведут борьбу с украинскими правительственными войсками.

Несколько дней назад украинская армия перешла в наступление, оттеснив сепаратистов ближе к российской границе.

Эксперты: украинский вопрос не будут обсуждать на саммите БРИКС

Затмит ли ЧМ встречу лидеров «растущих экономических держав»?

Юлия Савченко 11.07.2014

14-15 июля в Бразилии должен состояться очередной саммит стран БРИКС.

Он начнется, когда страсти от финала чемпионата мира по футболу еще не улягутся.

"Putin will take this opportunity to try to prove that Russia is not a pariah in international politics after what happened in Ukraine," says Fiona Hill, an expert at the Brookings Institute.

"Russia does not expect any significant results from the summit itself, but Putin's visit to Brazil is a great opportunity to show off: to get the baton for the World Cup, which is to be held in Russia in 2018, as well as to 'shine' next to China."

Lastly, according to Hill, it is an extremely important event because Russia wants to "cement" a series of transactions with China, including agreements in the energy sector.

"Putin believes that the BRICS network offers security in a situation where the West constantly threatens Russia's international isolation," the expert adds, in a discussion held in Washington at the Brookings Institute.

According to Hill, who is also the author of the book "Mr Putin - operative in the Kremlin," with the BRICS summit, the Russian president will also make an attempt to restore some influence by Russia in Latin and South America — relations with the countries were heavily weakened after the collapse of the Soviet Union.

"For him, it is a great opportunity to find new approaches to relations with these countries.

This may be difficult against the background of what has happened and is happening in Ukraine with Crimea, but, nevertheless, it is a great opportunity to create a Russian sphere of influence in close proximity to the U.S. border," says Fiona Hill.

The issue of Crimea and Ukraine, according to experts, will not be affected to any appreciable extent by the negotiations at the summit.

«Путин воспользуется этой возможностью для того, чтобы попытаться доказать, что Россия не является изгоем международной политики после того, что произошло в Украине, — говорит эксперт Инстиута Брукингс Фиона Хилл.

— От самого саммита Россия, может, и не ожидает каких-то особых результатов, но для Путина визит в Бразилию — прекрасная возможность показать себя, получить эстафетную палочку чемпионата мира по футболу, который должен пройти в России в 2018 году, а также "засветиться" рядом с Китаем».

Последнее, по мнению Хилл, мероприятие — крайне важное из-за желания России «зацементировать» целый ряд сделок с Китаем, включая договоренности в сфере энергетики.

«Путин считает БРИКС определенной сетью безопасности в ситуации, когда Запад постоянно грозит России международной изоляцией», — добавляет эксперт в ходе дискуссии, прошедшей в Вашингтоне в инстиуте Брукингс.

По мнению Хилл, которая также является автором книги «Господин Путин — оперативник в Кремле», на саммите БРИКС российский президент также сделает попытку восстановить определенное влияние России в Латинской и Южной Америке, связи со странами, в большой степени ослабленные после развала Советского Союза.

«Для него это прекрасная возможность найти новые подходы в отношениях с этими странами.

Это может быть непросто на фоне того, что произошло с Крымом и происходит на Украине, но, тем не менее, это прекрасная возможность для России создать сферу своего влияния в непосредственной близости от границ США», — говорит Фиона Хилл.

Вопрос Крыма и Украины при этом, по мнению экспертов, не будет в какой-либо ощутимой мере затрагиваться в ходе переговоров на саммите.

"The members of this association are not sufficiently concerned about what is happening in Ukraine and the region, and the role of Russia in this," emphasizes Thomas Wright, from the international order and strategic planning project at the Brookings Institute.

"When president Obama said that recent efforts by the international community managed to isolate Russia in the context of the global economic system, perhaps he was referring to the Western system, but not globally."

"The BRICS countries," continues the expert, "do not want the United States to continue to have the opportunity to play the key role in determining global order. That is why it is such a consolidated union right now."

At the same time, the leading expert at the Centre for Chinese Studies at the Brookings Institution, Kenneth Lieberthal, believes that one of the leading players in the BRICS — China — showed mixed reactions in regard to the events in Ukraine.

"The Chinese leadership did not like what happened on independence: any representations by people in urban areas disturb the historical memory of the Chinese leadership," emphasizes the expert.

"In the context of the events in Crimea, China was clearly not thrilled with the fact that there was a referendum, which initiated the annexation by Russia."

Project 'India' director at the Brookings Institution, Tanvi Madan, in turn, said that all the countries from BRICS, at one time or another, have been subject to economic sanctions and are therefore united in the desire not to see one controlling force at the helm of the world economy.

«Члены этого объединения недостаточно обеспокоены тем, что происходит в Украине и регионе и ролью в этом России, — подчеркивает Томас Райт из проекта по Международному порядку и стратегическому планированию Инстиута Брукингс.

— Когда президент Обама говорит, что благодаря последним усилиям международного сообщества удалось изолировать Россию в контексте мировой экономической системы, возможно, он имеет в виду системы западные, но никак не глобальные».

«Страны БРИКС, — продолжает эксперт, — не хотят, чтобы у США была возможность играть ключевую роль в определении глобального миропорядка. Именно поэтому это объединение так консолидировано именно сейчас».

При этом ведущий специалист Центра по изучению Китая в институте Брукингс Кеннет Либерталь полагает, что один из ведущих игроков БРИКС — Китай — продемонстрировал смешанную реакцию в том, что касается событий в Украине.

«Китайскому руководству очень не понравилось то, что произошло на Майдане — любые выступления людей на городских площадях тревожат историческую память китайских лидеров, — подчеркивает специалист.

— В контексте же крымских событий Китай явно не был в восторге от того, что там прошел референдум, который положил начало присоединению к России».

Директор проекта «Индия» института Брукингс Танви Мадан в свою очередь напоминает, что все страны, входящие в БРИКС, в то или иное время подвергались экономическим санкциям и поэтому, едины в нежелании видеть одну управляющую силу у руля всемирной экономики.

Putin continues Latin American tour
On Sunday, he will be in Rio de Janeiro.

The news service: "Voice of America" 12.07.2014

Russian president Vladimir Putin continues a six-day tour of South America.

He began by visiting Cuba, where he met with president Raul Castro.

Moscow and Havana signed several agreements, including one in which Cuba gets 90% of its debts to Russia forgiven — more than $30 billion.

Another agreement allows Russia to explore oil in the region off the north coast of Cuba.

Putin also spent at least one hour with the "father of the Cuban Revolution," Fidel Castro.

On Friday evening, the Russian president travelled to Nicaragua to meet with his Nicaraguan counterpart, Daniel Ortega. The leaders held a one-hour conversation.

Putin then flew to Argentina where he will meet with president Cristina Fernandez.

Putin's trip to South America comes at a time when he is under pressure from the West, who want to stop pro-Russian separatists in Ukraine and encourage them to exit the conflict through negotiations.

On Sunday, the Russian president will be in Rio de Janeiro for the final game of the World Cup, between Germany and Argentina.

At the same location, the president of Brazil, Dilma Rousseff, will officially hand over the right to host the next world football championship to Putin, which is to be held in Russia in 2018.

Путин продолжает латиноамериканское турне
В воскресенье он будет в Рио-де-Жанейро.

Служба новостей «Голоса Америки» 12.07.2014

Президент России Владимир Путин продолжает шестидневное турне по странам Южной Америки.

Визит он начал с Кубы, где встретился с президентом Раулем Кастро.

Москва и Гавана подписали ряд соглашений, включая одно, по которому Кубе прощается 90% ее долгов России — более 30 миллиардов долларов.

Другое соглашение позволяет России разведывать нефть в районе кубинского северного побережья.

Путин также провел не меньше часа с «отцом Кубинской Революции» Фиделем Кастро.

Вечером в пятницу российский президент отправился в Никарагуа на встречу с никарагуанским коллегой Даниэлем Ортегой. Лидеры провели часовую беседу.

Затем Путин вылетел в Аргентину, где встретится с президентом Кристиной Фернандес.

Поездка Путина по Южной Америке проходит в тот момент, когда он оказался под давлением со стороны Запада, требующего остановить пророссийских сепаратистов в Украине и призвать их к выходу из конфликта путем переговоров.

Российский президент в воскресенье будет в Рио-де-Жанейро на финальной игре Чемпионата мира по футболу между командами Германии и Аргентины.

Там же президент Бразилии Дилма Руссефф официально передаст Путину права на проведение следующего мирового футбольного первенства, которое состоится в России в 2018 году.

Russian media: a projectile from Ukrainian territory struck a city in the Rostov region
The Russian side has promised to respond.

The news service: "Voice of America" 13.07.2014

Russian media reported that on Sunday, July 13, a shell fired from the Ukrainian side hit a Russian city; whereby one person was killed and another injured.

It was reported that the shell fell in the city of Donetsk, in Rostov region.

The Associated Press quoted the words of the representative of the Russian authorities, saying that the incident will be given an "appropriate response."

However, details about the nature of this response was not given.

Last Saturday, the European Union announced sanctions against eleven pro-Russian rebel leaders in the east of Ukraine.

Among them: the head of the separatists, Alexander Boroday.

Recall that the rebels have declared the region independent, and are fighting against government forces in Ukraine.

Boroday, who has Russian citizenship, declared himself prime minister of the Donetsk region.

Earlier, the EU imposed sanctions on a number of individuals and businesses involved in the ongoing crisis in Ukraine.

Libya: The government demands a stop to the clashes at Tripoli airport

Six people have been killed in clashes between armed groups, representing liberals and Islamists.

The news service "Voice of America" Updated 14/07/2014

Российские СМИ: снаряд с украинской территории ударил по городу в Ростовской области
Российская сторона обещает ответить.

Служба новостей «Голоса Америки» 13.07.2014

Российские СМИ сообщают о том, что в воскресенье 13 июля снарядом, выпущенным с украинской стороны, был нанесен удар по российскому городу; вследствие чего один человек был убит, а другой получил ранения.

Как сообщается, снаряд упал на территории города Донецк Ростовской области — тезки украинского Донецка.

Агентство Associated Press цитирует слова представителя российских властей, заявившего, что на инцидент будет дан «соответствующий ответ».

Деталей о характере этого ответа, однако, не приводится.

В минувшую субботу Евросоюз сообщил о введении санкций по отношению к одиннадцати лидерам пророссийских мятежников в восточной Украине.

Среди них — руководитель сепаратистов Александр Бородай.

Напомним, что мятежники, объявившие регион независимым, ведут боевые действия против правительственных войск Украины.

Бородай, имеющий российское гражданство, провозгласил себя премьер-министром Донецкой области.

Ранее Евросоюз ввел санкции на ряд лиц и бизнес-структур, вовлеченных в продолжающийся кризис в Украине.

Ливия: правительство требует прекратить столкновения у аэропорта Триполи
В стычках вооруженных группировок, представляющих либералов и исламистов, убито шесть человек.

Служба новостей «Голоса Америки» Обновлено 14.07.2014

The Libyan government is calling for an end to violent clashes between armed groups in which 6 people were killed and 25 injured on Sunday.

At a press conference, the prime minister's representative, Ahmed Lamin, said that the regional armed groups fighting for control of the international airport in Tripoli were acting "without any orders or legitimate cover" from the government.

"The government has ordered the ministry of Interior and the Army to ensure security in the streets and neighbourhoods of the capital, as well as at vital places and sites.

The government also announced a state of emergency in all hospitals and health care facilities," he said.

The outbreak of violence occurred early on Sunday when armed Islamists attacked the militia from Zintan, who have been controlling the airport since the overthrow of Muammar Gaddafi in 2011.

The warring factions are regarded as the armed wings of the two political factions — the liberals and the Islamists —, who are fighting for control of the Libyan parliament.

Responsibility for the attack, which led to clashes on Sunday, is claimed by a coalition of Islamic militias, called the "Operations Cell of Libyan Revolutionaries."

On Saturday, the U.S. State department spokesperson, Jen Psaki, expressed "deep concern" that the ongoing violence in Libya could lead to a "large-scale conflict."

Ливийское правительство призывает к прекращению ожесточенных столкновений вооруженных группировок, в ходе которых в воскресенье были убиты 6 человек и ранены 25.

Представитель премьер-министра Ахмед Аламин на пресс-конференции сообщил, что региональные вооруженные группировки, ведущие борьбу за контроль над международным аэропортом Триполи, действуют «без каких-либо приказов или легитимного прикрытия» со стороны правительства.

«Правительство отдало распоряжения как министерству внутренних дел, так и армии, обеспечить безопасность на улицах и в районах столицы, а также на жизненно важных территориях и объектах.

Правительство также объявило чрезвычайное положение во всех больницах и учреждениях здравоохранения», — сказал он.

Вспышка насилия произошла рано утром в воскресенье, когда вооруженные исламисты напали на ополченцев из города Зинтан, контролирующих аэропорт со времен свержения Муаммара Каддафи в 2011 году.

Противоборствующие группировки рассматриваются как вооруженные крылья двух политических фракций — либералов и исламистов, которые ведут борьбу за контроль над ливийским парламентом.

Ответственность за нападение, которое привело к воскресным столкновениям, взяла на себя коалиция исламских ополченцев «Оперативная ячейка ливийских революционеров».

В субботу представитель Госдепартамента США Джен Псаки выразила «глубокую озабоченность» в связи с тем, что продолжающееся насилие в Ливии может привести к «широкомасштабному конфликту».

Psaki emphasized the important role of the Libyan Constitutional Assembly in the "construction of the country for which the Libyans made such tremendous sacrifices during the revolution."

The new constitution is seen as a major milestone in the transition from the dictatorship of Gaddafi.

The government and the parliament are not able to control the militias that helped topple Gaddafi, who now ignore state power, and this means that the unstable situation in the country remains.

Псаки подчеркнула важную роль ливийской Конституционной ассамблеи в «строительстве той страны, за которую ливийцы принесли такие огромные жертвы во время революции».

Новую конституцию рассматривают как крупную веху в процессе перехода от диктатуры Каддафи.

Правительство и парламент не способны взять под контроль ополченцев, которые помогали свергнуть Каддафи, но теперь игнорируют государственную власть, и это приводит к тому, что нестабильная обстановка в стране сохраняется.

Chapter 4

Benjamin Netanyahu: "Hamas bears responsibility for the deaths of civilians."

The Israeli prime minister was speaking on the CBS channel.

13.07.2014 20:20 Michael Bowman

Israeli prime minister Benjamin Netanyahu does not exclude the possibility of starting a ground military operation in the Gaza Strip, where Islamist militants continue to fire rockets into Israel — with the count already in the hundreds.

"Our goal," the prime minister said, "is to ensure sustainable peace, tranquillity, and safety for our people, and we do that by depriving Hamas and other terrorists of the ability to threaten us.

However, I am not going to talk about how and when this will be achieved."

The prime minister spoke on the U.S. television channel CBS — on the program Face the Nation.

Asked about the growing number of people killed in the Gaza Strip, Netanyahu stressed that while Israel uses its air defence system for the protection of civilians, the Gaza militants use civilians to shield its missiles.

"We regret any accidental civilian casualties. However, Hamas bears all the responsibility for the deaths of civilians," Netanyahu said.

Neither Israel nor the Palestinian militants want to negotiate a truce, as has been requested by the UN Security Council.

Israeli aircraft have been scattering leaflets over Gaza, urging civilians to evacuate.

Leaders in Gaza argue that such warnings should be ignored.

Disaster on the subway: the reason has not been specified

What was the cause of the deaths in the Moscow subway?

Глава 4

Биньямин Нетаньяху: «Ответственность за гибель мирного населения несет ХАМАС»

Премьер-министр Израиля выступил по каналу CBS.

Майкл Боуман 13.07.2014 20:20

Премьер-министр Израиля Биньямин Нетаньяху не исключает возможности начала наземной военной операции в Секторе Газа, откуда исламистские боевики продолжают обстреливать территорию Израиля ракетами, счет которым идет уже на сотни.

«Наша цель, — заявил премьер-министр, — обеспечить устойчивый мир, покой и безопасность наших людей, и мы делаем это, лишая ХАМАС и других террористов возможности угрожать нам.

Сейчас я не буду говорить о том, как и когда эта цель будет достигнута».

Премьер-министр выступил по американскому телеканалу CBS в программе Face the Nation.

Отвечая на вопрос о росте количества погибших в Секторе Газа, Нетаньяху подчеркнул: если Израиль использует свою систему ПВО для защиты мирных жителей, то боевики из Газы используют мирных жителей для прикрытия своих ракет.

«Мы сожалеем о любых случайных жертвах среди мирного населения. Но всю ответственность за гибель мирного населения несет ХАМАС», — сказал Нетаньяху.

Ни Израиль, ни палестинские боевики не хотят договариваться о перемирии, к чему их призывает Совет Безопасности ООН.

Израильская авиация разбрасывает над территорией Газы листовки, в которых мирным жителям предлагается эвакуироваться.

Лидеры Газы утверждают, что подобные предупреждения следует игнорировать.

Катастрофа в метро: причина не названа

Почему в метро Москвы погибли люди?.

Victor Vasiliev 15.07.2014

MOSCOW - The number of victims in the Moscow metro disaster has increased to twenty-one.

Moscow mayor Sergei Sobyanin said on Wednesday the capital will be mourning.

The guilty in this incident will be punished, including criminally, after the causes of the incident are found, Sobyanin said.

However, the thing is that the exact cause of the tragedy has not been specified up until now.

Moreover, there is a constant change in the official version of what happened.

Furthermore, there is also confusion about the fate of the ill-fated train driver.

At first, it was reported that he died at the crash site.

Then it turned out that he was alive and in hospital.

The head of the department of Transport in Moscow, Maxim Liksutov, claims that cars and track on the segment where the accident occurred underwent routine maintenance in a timely manner.

The State department on the fifth anniversary of the death of Natalia Estemirova

The press secretary, Jen Psaki, urges the Russian authorities to ensure the safety of journalists and human rights.

Russian service: "Voice of America" 15.07.2014

On the fifth anniversary of the kidnapping and brutal murder of journalist Natalya Estemirova, the U.S. State department issued a statement:

"Natalya Estemirova boldly and tirelessly covered the human rights violations in Chechnya.

Five years ago, on July 15, she was kidnapped and brutally murdered in the North Caucasus region of Russia.

Her killer has not been identified nor found until now.

Виктор Васильев 15.07.2014

МОСКВА — Число жертв катастрофы в московском метрополитене возросло до двадцати одного человека.

Мэр Москвы Сергей Собянин заявил, что в среду в столице будет объявлен траур.

Виновные в аварии понесут наказание, в том числе и уголовное, после установления причин произошедшего, сказал Собянин.

Но все дело в том, что точная причина трагедии не названа до сих пор.

Более того, происходит постоянная смена официальных версий случившегося.

Причем, путаница происходит и в отношении судьбы машиниста злосчастной электрички.

Сначала сообщалось, что он погиб на месте крушения.

Потом выяснилось, что он жив и находится в больнице.

При этом глава Департамента транспорта Москвы Максим Ликсутов утверждает, что вагоны и путь на отрезке, где произошло крушение, своевременно прошли регламентное обслуживание.

Госдепартамент о пятой годовщине смерти Натальи Эстемировой

Пресс-секретарь ведомства Джен Псаки призывает российские власти обеспечить безопасность журналистам и правозащитникам.

Русская служба «Голоса Америки» 15.07.2014

В пятую годовщину со дня похищения и жестокого убийства журналиста Натальи Эстемировой Госдепартамент США выступил с заявлением:

«Наталья Эстемирова смело и без устали освещала нарушения прав человека в Чечне.

Пять лет назад, 15 июля, она была похищена и жестоко убита в северокавказском регионе России.

Ее убийцы не названы и не найдены до сих пор.

We urge the Russian authorities to intensify efforts to find those responsible for Estemirova's death, as well as for other cases where the killer of human rights defenders and journalists has not been found."

In addition, the text of the statement, posted on the website of the U.S. department, with authorship by the U.S. State department spokesperson Jen Psaki, also noted the professional and personal qualities of Estemirova.

"The courage and dedication of Natalya Estemirova continue to inspire those who pursue this line of work in Russia and other countries.

Unfortunately, many of her colleagues in Russia continue to face persecution because of their professional activities.

We call on the authorities of the Russian Federation to ensure the security and freedom of human rights defenders, which is a sign of a healthy democratic society," she said in the communique.

Russia and its partners in BRICS create their own development bank

The new financial institution is seen as an alternative to the World Bank and the IMF, which have been criticized by developing countries.

Russian service: "Voice of America" Updated 16.07.2014

The leaders of BRICS have finally agreed on a decision to create their own development bank, with an initial capital of $100 billion, whose headquarters will be located in China.

In a joint statement from the summit, it said that the first president of the New Development Bank (NDB) will be the representative of India, and then every five years, the post will go to representatives from the other BRICS countries — Brazil, Russia, China, and South Africa.

Мы призываем российские власти активизировать усилия по поискам виновных в смерти Эстемировой, а также других случаев, когда убийцы правозащитников и журналистов не найдены».

Кроме того, в тексте заявления, опубликованном на сайте американского ведомства за авторством представителя Госдепартамента США Джен Псаки, также отмечаются профессиональные и личные качества Эстемировой.

«Смелость и самоотверженность Натальи Эстемировой продолжают вдохновлять тех, кто продолжает ее дело в России и других странах.

К сожалению, многие ее коллеги в России продолжают сталкиваться с преследованиями в связи со своей профессиональной деятельностью.

Мы призываем власти РФ обеспечить правозащитникам безопасность и свободу, что является признаком здорового демократического общества», - говорится в официальном коммюнике.

Россия и партнеры по БРИКС создают собственный банк развития

Новый финансовый институт видится как альтернатива Всемирному банку и МВФ, которые подвергаются критике со стороны развивающихся стран.

Русская служба «Голоса Америки» Обновлено 16.07.2014

Лидеры стран БРИКС окончательно согласовали решение о создании собственного банка развития с первоначальным капиталом в 100 миллиардов долларов, штаб-квартира которого будет располагаться в Китае.

В совместном заявлении участников саммита говорится, что первым президентом Нового банка развития (НБР) станет представитель Индии, после чего каждые пять лет эта должность будет переходить по очереди к представителям других стран БРИКС — Бразилии, России, Китая и ЮАР.

On Tuesday, leaders of the bloc held a closed meeting at the summit in the northeast of Brazil, then announced concrete plans for the bank in the daytime session, open to the press.

The new bank is seen as an active attempt by BRICS to pressure the World Bank and the International Monetary Fund, with developing countries having long registered complaints of being excessively Americentric and Eurocentric.

"Operating on the basis of sound banking principles, the NDB will help strengthen cooperation between our countries and complement the efforts of multilateral and regional financial institutions in the field of global development," stated the declaration adopted at the summit.

Foreign minister Sergei Lavrov told the Russian news agency Itar-Tass: "The summit confirmed that members of BRICS oppose unilateral actions in the world economy and in global politics, do not seek confrontation, and are willing to develop collective approaches to solving any problems."

Despite the broad scope of the joint declaration, the document barely addresses issues that could give rise due to differences — for example, the conflict in Ukraine between the government and pro-Russian groups.

Events in Ukraine found very modest recognition in the declaration.

BRICS leaders expressed "deep concern" over the situation in the country and called for "a broad dialogue, de-escalation of the conflict, and restraint by all participants in order to find a peaceful political solution in full accordance with the UN Charter and universally recognized human rights and fundamental freedoms."

Во вторник лидеры блока провели закрытую встречу в рамках саммита на северо-востоке Бразилии, после чего объявили о конкретных планах в отношении банка на дневной сессии, открытой для прессы.

Новый банк видится как попытка активного давления БРИКС на Всемирный банк и Международный валютный фонд, в адрес которых со стороны развивающихся стран уже давно раздаются жалобы в чрезмерной американоцентричности и европоцентричности.

«Функционируя на основе разумных принципов банковской деятельности, НБР будет помогать укреплять сотрудничество между нашими странами и дополнять усилия многосторонних и региональных финансовых учреждений в области глобального развития», — говорится в декларации, принятой по итогам саммита.

Министр иностранных дел Сергей Лавров заявил российскому информагентству ИТАР-ТАСС: «Саммит подтвердил, что члены БРИКС, выступая против односторонних действий в мировой экономике и политике, не ищут конфронтации, а предлагают вырабатывать коллективные подходы к решению любых проблем».

Несмотря на объемность совместной декларации, документ практически не затрагивает вопросы, которые могли бы послужить поводом для разногласий, например конфликт в Украине между правительством и пророссийскими группировками.

События в Украине нашли очень скромное отражение в декларации.

Лидеры БРИКС выразили «глубокую обеспокоенность» в связи с ситуацией в этой стране и призвали к «широкому диалогу, деэскалации конфликта и проявлению сдержанности всеми его участниками в целях нахождения мирного политического решения в полном соответствии с Уставом ООН и общепризнанными правами человека и основными свободами».

The U.S. and NATO accused Russia of supplying sophisticated weapons to separatists

The West is concerned about the increasing influx of Russian weapons to the east of Ukraine.

Jeff Seldin Updated 07/18/2014 4:30

WASHINGTON - Representatives of the Western military leadership expressed fresh concerns about the increasing number of heavy and sophisticated weapons falling into the hands of Ukrainian separatists, backed by Russia.

One of the amateur videos published on the internet shows a Russian 'Grad' rocket launcher, which is being used to strike targets inside Ukrainian territory.

Pentagon spokesperson colonel Steve Warren said, "We are seeing a military build-up, including the latest in heavy weaponry."

According to him, this is in stark contrast to public calls by Moscow for stability.

"Russia's actions do not support its words," says Warren. "Specifically: gathering of Russian troops at the border; delivering heavy weapons across the border; and supporting militias and separatists in Ukraine."

U.S. authorities have expressed increasing concern about the deadly potential of Russian weapons.

According to them, a Ukrainian An-26 transport aircraft, flying at an altitude of over 6,000 meters, was shot down on July 14.

From late May, Ukrainian separatists have shot down three aircraft and two helicopters. At least some of them were shot down by surface-to-air missiles.

As the analyst Sean O'Connor, of the analytical group IHS Jane's, says, another recent incident showed that Ukrainian troops on the ground in eastern Ukraine were hit with ever more sophisticated technology.

США и НАТО обвиняют Россию в поставках новейшего оружия сепаратистам

Запад обеспокоен увеличением притока российского оружия на восток Украины.

Джефф Селдин Обновлено 18.07.2014 04:30

ВАШИНГТОН — Представители западного военного руководства выражают новые опасения по поводу увеличения количества тяжелых и современных вооружений, попадающих в руки украинских сепаратистов, которых поддерживает Россия.

На одном из любительских видео, которые публикуют в Интернете, запечатлена российская ракетная установка «Град», которая наносит удары по объектам на территории Украины.

Официальный представитель Пентагона полковник Стив Уоррен отмечает: «Мы наблюдаем наращивание вооружений, в том числе тяжелых и самых современных».

По его словам, это резко противоречит публичным призывам Москвы к стабильности.

«Действия России не подкрепляют ее слова», — говорит Уоррен. «Русские стягивают войска к границе. Поставляют через границу тяжелые вооружения. Поддерживают военизированные формирования и сепаратистов в Украине».

Власти США выражают еще большее беспокойство по поводу смертоносного потенциала российского оружия.

По их словам, сбитый 14 июля украинский транспортный самолет Ан-26 летел на высоте более 6000 метров.

Всего с конца мая сепаратисты сбили три украинских самолета и два вертолета. По крайней мере, некоторые из них были сбиты ракетами класса земля-воздух.

Как отмечает аналитик Шон О'Коннор из аналитической группы IHS Jane's, другой недавний инцидент показал, что украинские наземные войска на востоке Украины подверглись удару с использованием еще более сложной техники.

"It was a reactive 'Tornado' system, the latest development in the field of multiple rocket launcher systems and artillery support," he explains.

According to O'Connor, the 'Tornado' system has sufficient range to strike from inside Russia, and for Russia, it is a familiar strategy in low-intensity conflicts.

"They did the same thing in Chechnya with Ka-50 attack helicopters and Su-34 fighter-bombers."

The Ukrainian army has asked its Western allies for more support, but so far, the U.S. and NATO have limited this to non-military aid.

Barack Obama on the downing of an airliner

Obama: "Most importantly, president Putin has influence over the situation, but he does not use it."

Natasha Mozgovaya 18/07/2014

On Friday from the White House, U.S. president Barack Obama made a statement on the downed Malaysian airliner, which was destroyed by a missile.

"Almost 300 people were killed — men, women, children, babies — who had no relation to the crisis in Ukraine," Obama said.

"Their deaths is a disaster of unspeakable proportions. We know that among the dead is at least one American citizen, Quinn Lucas Shansmann."

Obama explained about telephone conversations he had held on Thursday with the leaders of Ukraine, Malaysia, the Netherlands, and Australia.

"I told them that our thoughts and prayers are with the families of the victims, and that we support them in this difficult time," Obama said.

"The Netherlands have lost the most people. I told the prime minister that we stand with them shoulder to shoulder in their suffering, and of our firm commitment to thoroughly understand what happened."

«Это была реактивная система "Торнадо" — новейшая разработка в сфере реактивных систем залпового уровня и артиллерийской поддержки», — поясняет он.

По словам О'Коннора, система «Торнадо» обладает достаточной дальностью, чтобы удар мог быть нанесен даже с территории России, а это знакомая для России стратегия в конфликтах малой интенсивности.

«Они делали то же самое в Чечне с ударными вертолетами КА-50 и истребителями-бомбардировщиками СУ-34».

Украинская армия попросила западных союзников о дополнительной поддержке, однако пока США и НАТО ограничиваются невоенной помощью.

Барак Обама о гибели авиалайнера

Обама: «Больше всего контроля над ситуацией у президента Путина, но он его не использует».

Наташа Мозговая 18.07.2014

Президент США Барак Обама сделал в пятницу в Белом доме заявление по поводу крушения малазийского авиалайнера, который был уничтожен ракетой.

«Практически 300 человек погибли — мужчины, женщины, дети, младенцы — которые не имели никакого отношения к кризису в Украине, — сказал Обама.

— Их смерть — катастрофа невыразимого масштаба. Мы знаем, что среди погибших как минимум один американский гражданин, Куинн Лукас Шансманн».

Обама проинформировал о телефонных беседах, проведенных им в четверг с лидерами Украины, Малайзии, Нидерландов и Австралии.

«Я сказал им, что наши мысли и молитвы — с семьями погибших, и что мы поддерживаем их в это тяжелое время, — отметил Обама.

- Больше всего граждан потеряли Нидерланды. Я сказал премьер-министру, что мы стоим с ними плечом к плечу в их скорби, и нашей твердой решимости досконально разобраться в том, что произошло».

Obama said that, at the moment, the data shows that the plane was hit by a "surface-to-air" type missile, which was launched from Ukrainian territory controlled by the separatists, who enjoy the support of Russia.

"We also know that this is not the first case of the destruction of an aircraft in eastern Ukraine.

Over the past few weeks, Ukrainian separatists downed a Ukrainian transport plane, a helicopter, and took responsibility for the downing of a Ukrainian fighter," continued Obama.

"In addition, we know that these separatists receive solid support from Russia, including weapons and training. This also includes heavy weapons and anti-aircraft missiles."

The American leader called the downing of the liner a "global tragedy."

"An Asian airliner was destroyed in Ukrainian skies. On board were passengers from many countries. This requires a credible international investigation into what happened.

The UN Security Council is supporting this investigation, and we expect that all of its members, including Russia, will keep to their word.

In order to facilitate the investigation, Russia, pro-Russian separatists, and Ukraine should immediately begin to respect the ceasefire."

Physical evidence at the crash site should be preserved intact, Obama said, and investigators must obtain unrestricted access to the crash site.

According to him, the U.S. is ready to provide any assistance in the investigation into the incident, including the expertise of specialists from the FBI and experts on air safety, who are already headed to Ukraine.

По словам Обамы, на данный момент данные показывают, что самолет был сбит ракетой типа «земля-воздух», которая была запущена с территории Украины, контролируемой сепаратистами, которые пользуются поддержкой России.

«Мы знаем также, что это не первый случай уничтожения самолета на востоке Украины.

За последние несколько недель, сепаратисты сбили украинский транспортный самолет, украинский вертолет, и взяли на себя ответственность за сбитие украинского истребителя, — продолжил Обама.

— Более того - мы знаем, что эти сепаратисты получали стабильную поддержку от России, включая оружие и обучение. Это включает также тяжелое вооружение и зенитные ракеты».

Американский лидер назвал крушение лайнера «глобальной трагедией».

«Азиатский авиалайнер был уничтожен в небе Украины — на его борту были пассажиры из многих стран. Это требует вызывающего доверие международного расследования того, что произошло.

Совет безопасности ООН поддержал это расследование, и мы ожидаем, что все его члены, включая Россию, сдержат свое слово.

Для того, чтобы облегчить это расследование, Россия, пророссийские сепаратисты и Украина должны немедленно начать соблюдать режим прекращения огня».

Вещественные доказательства на месте крушения должны быть сохранены в неприкосновенности, отметил Обама, и следователи должны получить беспрепятственный доступ к месту крушения самолета.

По его словам, США готовы предоставить любую помощь в расследовании обстоятельств этого инцидента, включая экспертные знания специалистов из ФБР и специалистов по воздушной безопасности, которые уже направились в Украину.

The U.S. president warned about the possible misinformation circulating after the accident.

"The whole world is watching eastern Ukraine, and we will make sure that the truth will come to light," assured Obama.

"This outrageous incident reminds us that it is time for peace and security to be restored."

Obama harshly criticized Russia, saying that since the beginning of the conflict, Moscow has refused to take the steps necessary to de-escalate the situation.

"Yesterday I spoke with president Putin; he said that he did not like that we have introduced sanctions.

I told him that we have made it clear that we want Russia to choose the path that will lead to peace in Ukraine, but Russia has instead continued to violate the sovereignty of Ukraine and support separatist aggression," Obama said.

"We all have to stop and look at what happened.

The use of violence in the conflict inevitably leads to unintended consequences. Russia, Ukraine, and the separatists have the opportunity to stop the fighting. "

Obama said that, while there are no definitive conclusions about the circumstances of the downing of the passenger liner, he does not want to make categorical statements.

However, in his opinion, "separatists could not bring down a transport aircraft or fighter without advanced weapons and training — and the source of this is Russia...."

Obama said that Vladimir Putin has the greatest influence over the situation, but regretted that the president of the Russian Federation does not use this leverage.

Президент США предупредил о возможной дезинформации, распространяемой после аварии.

«Весь мир наблюдает за восточной Украиной, и мы удостоверимся в том, что правда выйдет на свет, — заверил Обама.

— Этот возмутительный инцидент напоминает нам, что пришло время для того, чтобы мир и безопасность были восстановлены».

Обама выступил с резкой критикой России, заявив, что с момента начала конфликта, Москва отказывается предпринимать шаги, необходимые для деэскалации ситуации.

«Вчера я говорил с президентом Путиным — он сказал, что ему не нравятся введенные нами санкции.

Я сказал ему, что мы четко дали понять, что хотим, чтобы Россия выбрала путь, который приведет к миру в Украине — но Россия до сих пор вместо этого продолжала нарушать суверенитет Украины и поддерживать агрессивных сепаратистов, — отметил Обама.

— Мы все должны остановиться и взглянуть на то, что произошло.

Применение насилия в рамках конфликта неизбежно приводит к непредвиденным последствиям. У России, сепаратистов и Украины есть возможность остановить боевые действия».

Обама сказал, что пока нет окончательных выводов по поводу обстоятельств гибели пассажирского лайнера, он не хочет делать категорических заявлений.

Однако, по его мнению, «сепаратисты не могли бы сбить транспортный самолет или истребитель без усовершенствованного оружия и обучения — и источник этого - Россия....».

Обама напомнил, что наибольшим влиянием на ситуацию обладает Владимир Путин, однако выразил сожаление, что президент РФ не использует имеющиеся у него рычаги.

Obama stressed that the Russian leadership will have to take a "strategic decision" — continue to support the separatists, or start cooperation with the Ukrainian government.

"We have seen improvements in terms of statements, but not in actions," Obama added.

Obama said he did not believe that this crisis must involve the U.S. military, in addition to actions already taken by the United States to demonstrate support for the NATO alliance.

In his speech, Obama also commented on the ground operation launched by the Israeli army in the Gaza Strip.

According to him, on Friday morning, when he discussed the operation on the phone with Israeli prime minister Benjamin Netanyahu, a siren sounded in Tel Aviv, warning of rocket attacks from Gaza.

"In the conversation, I stressed our full support for Israel's right to defend itself," Obama said. "No State should have to submit to rocket attacks on its territory.

But we hope that Israel will continue to adopt an approach that will minimize civilian casualties, and we will continue to work hard for a return to the ceasefire agreement that was reached in November 2012."

According to him, the secretary of State, John Kerry, is ready to return to the region to promote the Egyptian peace initiative for a ceasefire between Israel and Hamas.

Israel has launched a ground operation in the Gaza Strip

The purpose of the operation is the destruction of terrorist tunnels from Gaza into Israel.

Обама подчеркнул, что российскому руководству придется принять «стратегическое решение» — продолжать поддерживать сепаратистов - или начать сотрудничество с украинским правительством.

«Мы видели улучшения в плане высказываний — но не действий», - добавил Обама.

По словам Обамы, он не считает, что в этом кризисе должны участвовать американские военные, помимо действий, уже предпринятых США для демонстрации поддержки странам-союзницам по НАТО.

В своей речи Обама также прокомментировал наземную операцию, начатую израильской армией в секторе Газа.

По его словам, в пятницу утром, когда он обсуждал по телефону операцию с израильским премьер-министром Биньямином Нетаньяху — в Тель-Авиве прозвучала сирена, предупреждающая о ракетном обстреле из Газы.

«Я подчеркнул в разговоре нашу полную поддержку права Израиля на самозащиту, — сказал Обама. - Ни одно государство не должно смиряться с ракетными обстрелами своей территории.

Но мы надеемся, что Израиль будет продолжать придерживаться подхода, который сведет до минимума жертвы среди гражданского населения — и мы все продолжаем работать над тем, чтобы вернуться к прекращению огня, соглашение о котором было достигнуто в ноябре 2012 года».

По его словам, госсекретарь Джон Керри готов вернуться в регион для продвижения египетской мирной инициативы для прекращения огня между Израилем и ХАМАСом.

Израиль начал наземную операцию в Секторе Газа

Цель операции — разрушение террористических туннелей из Газы в Израиль.

The news service "Voice of America" 17.07.2014

On Thursday, July 17, Israeli prime minister Benjamin Netanyahu gave the order to launch a military ground operation in the Gaza Strip.

In a statement, the prime minister noted that the operation began at the end of the day, and that its aim is to destroy "terrorist tunnels" leading from Gaza to Israel.

As reported in the news on Thursday evening, the entire Gaza Strip has had its electricity completely disconnected.

As reported by the Israeli military on Thursday, they had foiled an attack attempt launched by 13 Hamas gunmen, who attempted to enter the territory of Israel through one of the tunnels.

The operation in Gaza began after 10 days of intense military conflict between Israel and Hamas.

Israel launched air strikes on more than two thousand targets in Gaza, and Hamas militants fired over a thousand missiles at Israel.

The same day, the UN official said on Thursday, after a four-hour humanitarian truce, Israeli aircraft resumed attacks on the Gaza Strip and Hamas continued its rocket attacks on Israeli territory.

The UN Coordinator for Humanitarian Affairs in the Palestinian territories, James Rowley, told 'Voice of America' that the truce was largely held by both sides, but as soon as it ended, hostilities resumed immediately.

Israel has accused Hamas militants of firing three mortar immediately after the truce came into effect. They fell in the village of Eshkol, in southern Israel.

Служба новостей «Голоса Америки» 17.07.2014

В четверг 17 июля премьер-министр Израиля Биньямин Нетаньяху отдал военным приказ начать наземную военную операцию в секторе Газа.

В заявлении аппарата премьер-министра отмечается, что операция началась в конце дня и что ее целью является разрушение «террористических туннелей», ведущих из сектора Газа в Израиль.

Как сообщается в программах новостей, в четверг вечером на всей территории сектора Газа полностью отключено электричество.

Как сообщили израильские военные, в четверг ими была пресечена попытка нападения, предпринятая 13 вооруженными боевиками ХАМАС, попытавшимися попасть на территорию Израиля через один из туннелей.

Операция в Газе началась после 10 дней интенсивного военного столкновения между Израилем и ХАМАС.

Израиль нанес удары с воздуха по более чем двум тысячам целей в Секторе Газа, а боевики ХАМАС выпустили по территории Израиля более тысячи ракет.

В тот же день представитель ООН сообщил, что в четверг, по истечении четырехчасового гуманитарного перемирия, израильская авиация возобновила обстрелы Сектора Газа, а ХАМАС продолжил ракетные обстрелы территории Израиля.

Координатор ООН по гуманитарным вопросам на палестинских территориях Джеймс Роули сообщил «Голосу Америки», что перемирие в основном соблюдалось обеими сторонами, однако, как только оно закончилось, военные действия сразу же возобновились.

Израиль обвинил боевиков ХАМАС в том, что они произвели три выстрела из минометов уже после того, как перемирие начало действовать. Снаряды разорвались в населенном пункте Эшкол на юге Израиля.

Russia criticized at the UN Security Council

U.S. ambassador: pro-Russian separatists may be involved in the downing of the Malaysian liner.

Michael Gutkin Updated 7/18/2014

NEW YORK - On Friday, the UN Security Council called for a "full, thorough, and independent investigation" into the Malaysian airliner crash in the Donetsk region of Ukraine, which killed all 298 people aboard.

The Security Council pointed to the need for all parties involved in the conflict in eastern Ukraine to give investigators and international experts unimpeded access to the crash site.

In a statement adopted by the Security Council, it also called on attributing "due responsibility" to the perpetrators of the tragedy.

The Security Council meeting began with a minute of silence in memory of the dead.

All the speakers began their speech by expressing condolences to the bereaved families.

However, many participants in the emergency meeting, held at the UN headquarters in New York, spoke not only about the tragedy of the Malaysian craft, but also about the situation in eastern Ukraine.

In one way or another, most blamed the escalation of violence in the region on Russia.

Samantha Power suspects separatists, accuses Russia:

The U.S. permanent representative to the UN, Samantha Power, expressing the consensus reached in Washington, said that the plane from Malaysia Airlines, "very likely" was shot down by a "surface-to-air" missile fired from territory controlled by the separatists.

Россия подверглась критике в Совбезе ООН

Постпред США: к крушению малайзийского лайнера могут быть причастны пророссийкие сепаратисты.

Михаил Гуткин Обновлено 18.07.2014

НЬЮ-ЙОРК — В пятницу Совет Безопасности ООН призвал провести «полное, тщательное и независимое расследование» крушения малайзийского авиалайнера в Донецкой области Украины, в результате которого погибли все 298 человек, находившихся на борту.

Совбез указал на необходимость предоставления всеми участниками конфликта на востоке Украины возможность беспрепятственно попасть на место крушения следователям и международным специалистам.

В заявлении, принятом Советом Безопасности, также содержится призыв привлечь к «должной ответственности» виновников трагедии.

Заседание Совбеза началось с минуты молчания в память о погибших.

Все выступавшие начинали свои речи с выражения соболезнований родным и близким погибших.

Однако многие участники экстренного заседания, состоявшегося в штаб-квартире ООН в Нью-Йорке, говорили не только о трагедии малайзийского лайнера, но и о ситуации на востоке Украины.

Большинство в той или иной степени возлагали ответственность за эскалацию насилия в регионе на Россию.

Саманта Пауэр подозревает сепаратистов, обвиняет Россию

Постоянный представитель США при ООН Саманта Пауэр, выражая консенсус, сложившийся в Вашингтоне, сказала, что самолет компании Malaysia Airlines, «весьма вероятно» был сбит ракетой «земля-воздух», пущенной с территории, контролируемой сепаратистами.

The U.S. representative also said that, according to available data, the liner was shown to be in the corridor for commercial traffic, at an altitude of 33 thousand feet (or about 10,000 metres).

The U.S. ambassador to the UN said that shortly before the crash, near the site, "a Western journalist saw militia with a SA-11 system:" (SAM 'Buk' Russian classification - MG).

Power also noted that the separatists claimed responsibility for the destruction of a Ukrainian transport aircraft, and placed a video on the Internet, which was later proved to be the seared and smoking Malaysian airliner.

Power also noted that the separatists "boasted on social networks that they brought down the plane, but then these records disappeared."

"Because of the technical complexity of the SA-11, it is unlikely that the separatists could effectively operate the system without the help of knowledgeable staff," Power said.

"Thus, we cannot exclude that technical assistance was carried out by Russian specialists."

Power said that the Ukrainian army have 'Buk' systems at their disposal, "however, according to reports, none of them were in the area where the plane was shot down."

She also stressed that since the beginning of the crisis, "despite several alleged violations of airspace, Ukrainian Defence has not released any missiles", while, as claimed by the pro-Russian separatists, they have shot down several Ukrainian military airplanes and helicopters.

Power said that in recent weeks, Russia increased its military forces on the border with Ukraine, as well as transferred several tanks and other military equipment to the separatists.

Представитель США также рассказала, что, по имеющимся данным, лайнер шел по установленному коридору для коммерческих перевозок на высоте около 33 тысяч футов (около 10 тысяч метров).

Постпред США при ООН рассказала, что незадолго до авиакатастрофы недалеко от ее места «западным журналистом были замечены ополченцы с системой SA-11» (ЗРК «Бук» по российской классификации — М. Г.).

Пауэр также напомнила, что сепаратисты взяли на себя ответственность за уничтожение украинского транспортного самолета и поместили в интернете видео, которое, как потом оказалось, запечатлело дымящийся малайзийский лайнер.

Пауэр также отметила, что сепаратисты «хвастались в социальных сетях, что сбили самолет, но потом эти записи исчезли».

«Из-за технической сложности SA-11 маловероятно, что сепаратисты могли эффективно управлять системой без помощи хорошо осведомленного персонала, — заявила Пауэр.

— Таким образом, мы не можем исключить, что техническая помощь осуществлялась со стороны российских специалистов».

Пауэр сказала, что в распоряжении украинской армии имеются системы «Бук», «однако, по имеющимся данным, ни одна из них не находилась в районе, где был сбит самолет».

Она также подчеркнула, что с момента начала кризиса, «несмотря на несколько предполагаемых нарушений воздушного пространства, украинские ПВО не выпустили ни одной ракеты», в то время, как поддерживаемые Россией сепаратисты сбили несколько украинских военных самолетов и вертолетов.

Пауэр заявила, что за последние недели Россия увеличила численность своей военной группировки на границе с Украиной, а также передала сепаратистам несколько танков и другое военное оборудование.

She also drew attention to the fact that, after freeing several cities in the east from the separatists, the Ukrainian military found military equipment and documentation there that prove the involvement of the Russian military in operations in eastern Ukraine.

Она также обратила внимание на то, что украинские военные после освобождения от сепаратистов ряда городов на востоке страны нашли там военную технику и документацию, которые доказывают причастность России к военным действиям на востоке Украины.

Chapter 5

Secretary of State Kerry urged Russia to take responsibility for the actions of the separatists in Ukraine

The head of the State department said that the anti-aircraft gun that shot down a passenger plane had been transferred to Russian separatists.

Russian service "Voice of America" 20/07/2014

According to secretary of State Kerry, there is clear evidence of involvement by separatists in the strike on the passenger aircraft in eastern Ukraine.

"The evidence clearly indicates the guilt of separatists," Kerry said in an interview with CNN.

He also stressed that "the type of anti-aircraft missile launcher used to bring down MH17 was handed over to the Russian separatists."

The U.S. secretary of State appealed to the Russian authorities to take responsibility for the actions of the separatists in eastern Ukraine.

He recalled that the United States witnessed a large-scale movement of equipment from Russia to Ukraine in the last month.

There was, in particular, a military convoy of 150 vehicles, including armoured personnel carriers, tanks, and anti-aircraft missile launchers, which were transferred to the separatists a few weeks ago.

MH17: The bodies and wreckage illegally removed from the scene of the tragedy

State department: tampering — an affront to human dignity of the victims.

The news service "Voice of America" 07/20/2014

Глава 5

Госсекретарь Керри призвал Россию взять на себя ответственность за действия сепаратистов в Украине

Глава Госдепартамента заявил, что зенитная установка, сбившая пассажирский самолет, была передана сепаратистам Россией.

Русская служба «Голоса Америки» 20.07.2014

По словам госсекретаря Керри, существуют явные доказательства причастности сепаратистов к удару по пассажирскому самолету в восточной Украине.

«Доказательства явно указывают на вину сепаратистов», — сказал Керри в интервью телеканалу CNN.

Он также подчеркнул, что «тип зенитно-ракетной установки, использованной для того, чтобы сбить MH17, был передан в руки сепаратистов Россией».

Госсекретарь США обратился к российским властям с призывом взять на себя ответственность за действия сепаратистов в восточной Украине.

Он напомнил, что США наблюдали широкомасштабное передвижение грузов из России в Украину в течение последнего месяца.

Речь идет, в частности, о военной колонне из 150 машин, включая БТР, танки и зенитно-ракетные установки, которые были переданы сепаратистам несколько недель назад.

MH17: Тела погибших и обломки самолета незаконно удаляются с места трагедии

Госдепартамент: Подтасовки — оскорбление человеческого достоинства погибших.

Служба новостей «Голоса Америки» 20.07.2014

According to representatives of the local branch of the ministry of Emergency Situations, on Sunday July 20, the remains of 196 of the 298 passengers and crew members of the Malaysian airliner shot down over the territory of eastern Ukraine have been recovered three days after the disaster.

At first, it was not clear exactly where the remains of the dead are being stored.

However, on Sunday, Reuters reported that, according to the railway authorities, bodies of the crash victims have been placed in refrigerated cars that are at the railway station in the city of Torrez, located 15 kilometres from the scene of the tragedy.

The international community is outraged and concerned about the contamination of the scene before representatives of the investigating authorities were given the opportunity to examine it.

This capability is limited because the disaster area is controlled by pro-Russian rebels.

As stated on Sunday, the prime minister of Australia, Tony Abbott, said the crash scene looks "totally chaotic."

According to the head of the Australian government, in an interview with the Russian minister of Trade, with utmost clarity, he expressed concern and dissatisfaction about the way the investigation into the tragic incident is being conducted.

Abbott said that the tragedy occurred on territory under the control of the rebels, supported by Russia, and quite possibly using Russian-supplied weapons.

With this, the Australian prime minister said, "Russia cannot simply washing its hands."

In a BBC interview, Abbott said he feared ongoing tampering and faking of evidence, because "there is no legitimate government in place."

Как заявили представители местного отделения министерства по чрезвычайным ситуациям, в воскресенье 20 июля останки 196 из 298 пассажиров и членов команды малайзийского лайнера, сбитого над территорией восточной Украины, были идентифицированы спустя три дня после катастрофы.

Поначалу было не вполне ясно, где именно хранятся останки погибших.

Тем не менее, в воскресенье агентство Reuters сообщило, что, по словам железнодорожников, тела жертв авиакатастрофы помещены в вагоны-рефрижераторы, находящиеся на железнодорожной станции города Тореза, расположенного в 15 километрах от места трагедии.

Международное сообщество возмущено и обеспокоено загрязнением места происшествия до того, как представителям следственных органов была предоставлена возможность его осмотреть.

Эта возможность остается ограниченной, поскольку район катастрофы контролируется пророссийскими мятежниками.

Как заявил в воскресенье премьер-министр Австралии Тони Эбботт, место катастрофы выглядит «совершенно хаотически».

По словам главы австралийского правительства, в беседе с российским министром торговли он с предельной ясностью высказал беспокойство и неудовлетворенность тем, как идет расследование трагического инцидента.

Эбботт подчеркнул, что трагедия произошла на территории, находящейся под контролем мятежников, поддерживаемых Россией, и весьма возможно — с применением поставленного Россией оружия.

А потому, заявил австралийский премьер-министр, «умыть руки России не удастся».

В интервью ВВС Эббот сказал, что опасается продолжающихся подтасовок и подделок вещественных доказательств, поскольку «на месте нет законной власти».

The State department spokesperson, Jen Psaki, said that bodies and metal debris have been removed from the crash site.

According to Psaki, tampering constitutes an affront to all those who have lost loved ones in the disaster, as well as an affront to the human dignity of the victims.

As stressed by the representative of the State department on Friday, European observers had access to the site of the tragedy for just 75 minutes; on Saturday they were allotted a time limited to three hours.

Secretary of State Kerry said on Saturday that the United States is extremely concerned about reports that the bodies of the victims and parts of the wreckage have been removed from the site of the incident.

Pro-Russian separatists claimed to have found the 'black boxes' of the Malaysia Airlines passenger aircraft, which was shot down over eastern Ukraine.

One of the leaders of the separatists, Alexander Borodai, said on Sunday that the flight recorders are in their hands, and will be transferred to the international experts investigating the crash.

The 'black boxes' (in reality they are orange in colour) contain records of communications between crew members and information about the flight.

UN Security Council could vote on the resolution on the Malaysian airliner crash

The West accuses Moscow of delaying the vote. Russia wants an investigation led by the International Civil Aviation Organization.

The news service: "Voice of America" Updated 21.07.2014

The UN Security Council could vote on Monday on the resolution calling for international access to the crash site of the Malaysian aircraft in eastern Ukraine.

Представитель Госдепартамента Джен Псаки заявила, что тела и металлические обломки уже удалены с места катастрофы.

По словам Псаки, подтасовки представляют собой оскорбление всех тех, кто в результате катастрофы потерял близких, а также оскорбление человеческого достоинства погибших.

Как подчеркнула представитель Госдепартамента, в минувшую пятницу европейские наблюдатели имели доступ к месту трагедии в течение всего лишь 75 минут; в субботу отпущенное им время ограничилось тремя часами.

Госсекретарь Керри заявил в минувшую субботу, что Соединенные Штаты чрезвычайно обеспокоены сообщениями о том, что тела погибших и обломки самолета удаляются с места инцидента.

Пророссийские сепаратисты заявили, что обнаружили «черные ящики» пассажирского самолета авиакомпании Malaysia Airlines, сбитого над Восточной Украиной.

Один из лидеров сепаратистов Александр Бородай заявил в воскресенье, что бортовые самописцы находятся в их руках и будут переданы международным экспертам по авиакатастрофам.

«Черные ящики» (в действительности они оранжевого цвета) содержат записи переговоров членов экипажа самолета и информацию о параметрах полета.

СБ ООН может проголосовать по резолюции о крушении малазийского лайнера

Запад обвиняет Москву в затягивании голосования. Россия хочет, чтобы расследование возглавила Международная организация гражданской авиации.

Служба новостей «Голоса Америки» Обновлено 21.07.2014

Совет Безопасности ООН в понедельник может проголосовать по резолюции, требующей международного доступа к месту катастрофы малазийского самолета в Восточной Украине.

Australian prime minister Tony Abbott has sent foreign minister Julie Bishop to the United States to lead lobbying efforts aimed at the adoption of the resolution.

At least 37 citizens and residents of Australia were killed in the disaster.

"Given the almost complete confidence that the blame for the plane crash lies with the rebels, who are supported by Russia, the situation in which these people control the crash site is a bit like a situation where the criminals control the crime scene," Abbott said.

"It is therefore very important that the area is monitored by the relevant authorities."

Minister Bishop said on Sunday that it was time to stop using the bodies of victims of the disaster as "hostages or pawns in the Ukrainian-Russian conflict."

Russia's UN ambassador, Vitaly Churkin, said Russia could not support the resolution in its current form because it does not stipulate that the investigation will be led by the International Civil Aviation Organization (ICAO).

The British UN ambassador, Mark Lyall Grant, said that Russia is engaged in a "typical Russian delaying tactic."

According to Grant, Australia included a Russian amendment to the text of the resolution, but now Russia considers this amendment inadmissible.

"One can only wonder why they want to block (adoption of the resolution)," Grant said.

On Sunday, secretary of State Kerry said that he had "compelling evidence" of Russian involvement in the downing of the Malaysian airliner in eastern Ukraine.

Премьер-министр Австралии Тони Эббот направил министра иностранных дел Джули Бишоп в США, чтобы возглавить усилия по лоббированию, направленные на принятие резолюции.

В катастрофе погибли по меньшей мере 37 граждан и жителей Австралии.

«Учитывая почти полную уверенность в том, что вина за крушение самолета лежит на мятежниках, поддерживаемых Россией, ситуация, когда эти люди контролируют место падения самолета, немного напоминает ситуацию, когда преступники контролируют место преступления, — заявил Эббот.

— Поэтому весьма важно, чтобы этот район контролировали соответствующие органы власти».

Министр Бишоп заявила в воскресенье, что пора прекратить использовать тела жертв катастрофы в качестве «заложников или пешек в украинско-российском конфликте».

Посол России в ООН Виталий Чуркин заявил, что Россия не может поддержать резолюцию в ее нынешнем виде, поскольку из нее не следует, что расследование возглавит Международная организация гражданской авиации (ИКАО).

Британский посол в ООН Марк Лайалл Грант заявил, что Россия занимается «типичной российской тактикой затягивания».

По словам Гранта, Австралия включила российскую поправку в текст резолюции, но теперь Россия считает эту поправку неприемлемой.

«Можно только гадать, почему они хотят затянуть (принятие резолюции)», — сказал Грант.

В воскресенье госсекретарь Керри заявил, что у него есть «убедительные свидетельства» причастности России к крушению малазийского авиалайнера в Восточной Украине.

In a series of interviews on Sunday news programs, Kerry said that the available evidence points to the fact that Russia has provided pro-Moscow separatists with modern anti-air 'Buk' systems, and trained separatists on how to operate them.

According to him, the U.S. government has seen a video made after the crash, showing a launcher with its battery lacking at least one rocket.

The secretary of State stated that the system went back into Russia from an area in eastern Ukraine controlled by separatists.

Kerry expressed hope that the airliner tragedy would unite Europe on the issue of sanctions against Russia, in connection with its activities in eastern Ukraine and its support for pro-Russian separatists.

France, Britain, and Germany on Sunday warned Moscow that it could face further economic sanctions if it does not demand that separatists give investigators unrestricted access to the crash site.

Up until now, separatists have allowed experts access to the scene for only a short period of time.

Putin has once again stated his position on the downed aircraft in Ukraine

Russian experts pointed out that he did this on the eve of UN Security Council sanctions.

Victor Vasiliev Updated 21.07.2014

MOSCOW - On Monday, Russian president Vladimir Putin issued a special statement "due to the terrible tragic events that occurred in the skies over Donetsk."

The text of a statement is published on the official website of the president.

According to Putin, he would like to say once again how Russia views the events taking place in Ukraine today.

В серии интервью воскресным новостным программам Керри сказал, что имеющиеся улики указывают на то, что Россия обеспечила промосковских сепаратистов современным противовоздушным комплексом «Бук» и обучила сепаратистов работе с ним.

По его словам, американские власти посмотрели сделанное после авиакатастрофы видео с пусковой установкой, в батарее которой недоставало, как минимум, одной ракеты.

Госсекретарь заявил, что комплекс возвращался назад на территорию России из районов Восточной Украины, подконтрольных сепаратистам.

Керри выразил надежду, что трагедия с авиалайнером объединит Европу в вопросе о введении санкций против России в связи с ее действиями на востоке Украины и поддержкой пророссийских сепаратистов.

Франция, Британия и Германия в воскресенье предупредили Москву, что она может столкнуться с новыми экономическими санкциями, если не потребует от сепаратистов открыть неограниченный доступ следователей к месту падения самолета.

До настоящего времени сепаратисты допускали экспертов на место трагедии только на короткий период времени.

Путин еще раз изложил свою позицию по сбитому в Украине самолету

Российские эксперты отметили, что он сделал этот накануне санкций Совбеза ООН.

Виктор Васильев Обновлено 21.07.2014

МОСКВА — Президент России Владимир Путин в понедельник выступил со специальным заявлением «в связи с ужасными трагическими событиями, которые произошли в небе над Донецком».

Текст заявления опубликован на официальном сайте президента.

По словам Путин, он хотел бы еще раз сказать о том, как в России относятся к событиям, происходящим сегодня на Украине.

"We have repeatedly called on all warring parties to immediately stop the bloodshed and to sit down at the negotiating table," he noted.

"It is safe to say that if the fighting in eastern Ukraine had not resumed on June 28, then this tragedy most certainly would not have happened."

However, according to Putin, "no one should use this tragedy to achieve selfish political objectives."

"Such events should not divide but unite people," he said.

Vladimir Putin confirmed that everything must be done to ensure the safety of international experts at the scene.

"Today, there are already representatives of Donbass, Donetsk, and Ukrainian ministries working on this, along with Malaysian experts. But this is not enough," he said.

In his opinion, it is necessary that a full team of experts under the auspices of the ICAO, which is the corresponding international commission, work at the crash site.

"We must do everything to ensure their full and absolute safety — to ensure the necessary humanitarian corridors for its operation," said the Russian president.

At the request of the Russian service of 'Voice of America', Russian experts discussed the president's message, drawing attention to some of its features.

A professor at the Higher School of Economics, and doctor of Political Sciences, Julius Nisnevich — former secretary of the political council of the 'Liberal Russia' party — noted that Putin's statement covers the "series of negotiations with the leaders of European states."

"And most importantly, it is not clear to whom it is addressed: to Russian citizens or to the outside world, and so on," he added.

«Мы неоднократно призывали все противоборствующие стороны немедленно прекратить кровопролитие и сесть за стол переговоров, — напомнил он.

— С уверенностью можно сказать, что если бы 28 июня боевые действия на востоке Украины не были возобновлены, то и этой трагедии наверняка бы не произошло.

Вместе с тем, по мнению Путина, «никто не должен и не имеет права использовать эту трагедию для достижения узкокорыстных политических целей».

«Такие события должны не разъединять, а объединять людей, — считает он.

Владимир Путин подтвердил, что необходимо сделать все, чтобы обеспечить безопасность работы международных экспертов на месте трагедии.

«Сегодня там уже работают представители Донбасса, Донецка, представители МЧС Украины, эксперты Малайзии. Но этого недостаточно», — заявил он.

По его мнению, необходимо чтобы на месте катастрофы работала полноценная группа экспертов под эгидой ИКАО, соответствующая международная комиссия.

«Нужно сделать все для обеспечения ее полной, абсолютной безопасности, обеспечить необходимые для её работы гуманитарные коридоры», — подчеркнул российский президент.

Российские эксперты, обсудившие по просьбе Русской Службы «Голоса Америки» президентское послание, обратили внимание на некоторые его особенности.

Профессор Высшей школы экономики, доктор политических наук Юлий Нисневич — в прошлом секретарь политсовета партии «Либеральная Россия» — отметил, что заявление Путина закрывает его «цепочку переговоров с лидерами европейских государств».

«А самое главное, что непонятно, к кому оно обращено — к российским гражданам, к внешнему мира и так далее, — добавил он.

"Since the exact answer to this question is not clear, then most likely, there is an assumption that it is a reaction to pressure from the European countries on the eve of the meeting of the UN Security Council."

Regarding the content side, there "seems to be all the right words in the right place," admitted Nisnevich.

"But the question is not about words, but in how things will actually be settled," said the professor.

"There are no major commitments taken by Russia in this. In fact, there is nothing new except for common phrases. Let us see what will become a reality. "

Political analyst Andrei Piontkovsky also had difficulty in determining who the message was destined for.

"If you take the view of Russian citizens, it is unclear why he (Putin) suddenly began to write this at three in the morning, when our compatriots prefer sleeping peacefully," he pursued.

"So, he wrote it at least in the hope that president Barack Obama will read it."

Obama: Russia responsible for the actions of the separatists
U.S. president on the downing of the 'Malaysian Airlines' Boeing plane.
Natasha Brain Updated 21.07.2014

WASHINGTON - On Monday, U.S. President Barack Obama made another statement on the loss of an airliner shot down by a missile over the east of Ukraine.

Speaking at the White House, Obama said that from the moment when the plane was shot down over territory controlled by the separatists, it has now been four days, and now efforts are focused on how to collect the remains of the dead and to establish the causes of the incident.

"We must make sure that the truth is established, and that the perpetrators will be punished," Obama said.

Так как точного ответа на этот вопрос нет, то, скорее всего, возникает предположение, что это реакция на давление со стороны европейских государств в преддверии заседания Совета безопасности ООН».

Что касается содержательной стороны, то там «вроде бы все слова на месте и все правильные», признал Нисневич.

«Но ведь вопрос не в словах, а в том, как все будет на самом деле урегулировано, — пояснил профессор.

— Пока Россия никаких больших обязательств на себя не берет. По сути, там ничего нового нет кроме общих фраз. Давайте посмотрим, что все-таки будет в реальности».

Политический аналитик Андрей Пионтковский также затруднился в определении адресата послания.

«Если иметь ввиду российских граждан, то непонятно, почему он (Путин) вдруг начал писать его в три часа ночи, когда наши соотечественники предпочитают мирно спать, — продолжил он.

— Значит, он писал по крайней мере в надежде, что его прочтет президент Барак Обама».

Обама: Россия несет ответственность за действия сепаратистов
Президент США о гибели Боинга «Малазийских авиалиний».
Наташа Мозговая Обновлено 21.07.2014

ВАШИНГТОН — Президент США Барак Обама сделал в понедельник еще одно заявление по поводу гибели авиалайнера, сбитого ракетой над восточной Украиной.

Выступая в Белом доме, Обама отметил, что с того момента, когда самолет был сбит с территории, находящейся под контролем сепаратистов, прошло четыре дня — и на данный момент усилия сосредоточены на том, чтобы собрать останки погибших и установить причины произошедшего.

«Мы должны удостовериться в том, что правда будет установлена, и что виновные понесут наказание, — сказал Обама.

"International inspectors are in place; I sent a group of experts; other countries sent their experts; and they are ready to carry out the necessary procedures for the collection of evidence — which must be followed for any incident of this kind.

They require immediate and full access to the crash site. They should be able to carry out an immediate, full, and transparent investigation in a smooth fashion."

"Rescuers have to do sacred work relating to the removal of dead bodies," continued Obama.

"The president of Ukraine, Poroshenko, announced the creation of a demilitarized zone around the crash site.

But, unfortunately, pro-Russian separatists who control this area continue to block the investigation.

They have repeatedly prevented the access of international investigators to the crash site, have fired in the air, and have taken evidence from the crash site.

The question arises — what exactly are they trying to hide? They also removed the dead bodies — this is not the kind of behaviour we expect in such tragedies.

It is an insult to those who lost loved ones. Such behaviour has no place in the world community. "

Obama noted that Russia has "extraordinary influence" over the separatists.

"Russia has inspired them, Russian has trained and equipped them — giving them the means of defence —, and the separatist leaders are Russian citizens.

Russia, and president Putin in particular, is directly responsible for encouraging them to cooperate with the investigation. This is the least that they can do.

Putin says he supports a thorough and fair investigation, and I appreciate those words, but they must be backed by actions.

— Международные следователи находятся на месте, я послал группу экспертов, другие страны отправили своих экспертов, и они готовы провести необходимые процедуры по сбору свидетельств, которые должны быть произведены при любом инциденте такого рода.

Им требуется немедленный и полный доступ к месту крушения. Они должны получить возможность без помех провести немедленное, полное и прозрачное расследование».

«Спасатели должны проделать святую работу по вывозу тел погибших, — продолжил Обама.

— Президент Украины Порошенко объявил о создании демилитаризованной зоны вокруг зоны крушения.

Но, к сожалению, поддерживаемые Россией сепаратисты, которые контролируют эту зону, продолжают блокировать расследование.

Они несколько раз предотвращали доступ международных следователей к месту крушения, стреляли в воздух, вывозили с места крушения свидетельства.

Возникает вопрос — что именно они пытаются скрыть? Они также вывозили тела погибших — это не то поведение, которого мы ожидаем при подобных трагедиях.

Это оскорбление для тех, кто потерял близких. Подобному поведению нет места в мировом сообществе».

Обама отметил, что Россия имеет «экстраординарное влияние» на сепаратистов.

«Россия их вдохновила, Россия их обучила и вооружила, предоставив им также средства ПВО, лидеры сепаратистов являются российскими гражданами.

Россия и, в особенности, президент Путин несут прямую ответственность за то, чтобы призвать их сотрудничать со следствием. Это минимум, что они могут сделать.

Президент Путин говорит, что он поддерживает доскональное и справедливое расследование — и я ценю эти слова — но они должны быть подкреплены действиями.

Russia has responsibility for ensuring that the separatists stop tampering with physical evidence, and that investigators have immediate and unhindered access to the crash site. The responsibility for their safety rests with the separatists and their Russian backers."

The U.S. leader also stated that he actively supports a diplomatic solution to the crisis in Ukraine:

"I believe that it can still happen. However, if Russia continues to violate the sovereignty of Ukraine and support separatists, and if these separatists become more dangerous, threatening people not only in Ukraine, but also citizens of other countries, Russia would further isolate itself from the international community, and the price of this will only grow.

It is time for president Putin and Russia to abandon the strategy that they have held, and begin to seriously pursue efforts to resolve the crisis, recognizing the sovereignty of Ukraine and Ukrainians right to make the decisions that affect their own lives."

The Washington Post has called Russia an "outlaw regime"

A newspaper editorial, published under the title "Russian Barbarism"

Russian service: "Voice of America" Updated 22/07/2014

The Washington Post, in an editorial published on Tuesday, lashed out at Russia's actions after the downing of the Malaysian aircraft, calling it a "rogue state" and an "outlaw regime."

It also described the actions of Moscow as a "lesson in barbarism."

"Maybe Russia or the militants, whom it supports, were not intending to destroy the Malaysian plane," writes the newspaper.

На России лежит ответственность за то, чтобы сепаратисты прекратили манипуляции с вещественными доказательствами, чтобы следователи немедленно получили беспрепятственный доступ к месту крушения. Ответственность за их безопасность лежит на сепаратистах и их российских попечителях».

Лидер США также заявил, что делает ставку на дипломатическое разрешение кризиса в Украине:

«Я верю в то, что это еще может произойти. Но если Россия будет продолжать нарушать суверенитет Украины и поддерживать сепаратистов, и если эти сепаратисты будут становиться все более опасными, угрожая людям не только в Украине, но и гражданам других стран, Россия еще больше изолирует себя от международного сообщества, и цена этого будет только расти.

Настало время для президента Путина и России оставить стратегию, которой они придерживались, и начать серьезно заниматься попытками урегулировать кризис, признавая суверенитет Украины и право украинцев самостоятельно принимать решения, которые касаются их жизни».

Газета Washington Post назвала Россию «режимом вне закона»

Редакционная статья газеты опубликована под заголовком «Варварство России».

Русская служба «Голоса Америки» Обновлено 22.07.2014

Газета Washington Post в редакционной статье, опубликованной во вторник, обрушилась с резкой критикой на действия России после крушения малазийского самолета, назвав ее «страной-изгоем» и «режимом вне закона».

Она также охарактеризовала действия Москвы как «урок варварства».

«Возможно, Россия или боевики, которых она поддерживает, не собирались уничтожать малазийский самолет, — пишет газета.

"But their behaviour after the disaster has been a lesson in barbarism and vicious state governance.

While the henchmen, led by commanders who are citizens of Russia, were trying to cover up the crime, the government of Russian president Vladimir Putin denied the obvious, amid expanding propaganda in the company of outright lies."

This tactic has caused harsh statements by president Obama and European leaders, the newspaper said. However, the rhetoric of the West is not what we need right now.

"What we need is a broad strategy to put an end to Putin's aggression and, where possible, have its effects reversed.

It starts with sanctions that would harm the Russian economy; in particular, with the "sectoral" sanctions that Obama and German chancellor Angela Merkel threatened to apply a few months ago — although they have not carried out their threat.

Military measures are also necessary, including prompt delivery of the equipment that the Ukrainian army has requested.

It is time to deal with Putin's Russia according to what it has become: a dangerous outlaw regime that must be contained," sums up the Washington Post.

Britain will hold a public investigation into Litvinenko's death

Former KGB agent and Putin critic was poisoned with radioactive polonium in 2006.

Russian service: "Voice of America" Updated 07/23/2014

— Но их поведение после катастрофы стало уроком варварства и порочного государственного управления.

Пока его подручные под руководством командиров, являющихся гражданами России, всячески пытались скрыть следы преступления, правительство российского президента Владимира Путина отрицало очевидное, развернув пропагандистскую компанию из откровенной лжи».

Эта тактика вызвала резкие заявления со стороны президента Обамы и европейских лидеров, отмечает газета. Но риторика Запада — это не то, что сейчас нужно.

«Что нужно — так это широкая стратегия, призванная положить конец путинской агрессии и — там, где это возможно, — обратить ее последствия вспять.

Она начинается с санкций, которые должны нанести ущерб российской экономике, в частности, с «секторальных» санкций, которыми Обама и канцлер Германии Ангела Меркель грозили еще несколько месяцев назад, но так и не осуществили свои угрозы.

Необходимы также меры военного характера, включая оперативные поставки украинской армии материалов, которые она запрашивала.

Пришло время обращаться с путинской Россией как с тем, чем она стала, — опасным режимом вне закона, который необходимо сдерживать», — резюмирует Washington Post.

Великобритания проведет открытое расследование смерти Литвиненко

Бывший агент КГБ и критик Путина был отравлен радиоактивным полонием в 2006 году.

Русская служба «Голоса Америки» Обновлено 23.07.2014

Britain announced that it will hold a public inquest into the death of former KGB spy Alexander Litvinenko, who died from poisoning in London in 2006, and accused Russian president Vladimir Putin of ordering his murder.

Last year, the British government rejected a request for an investigation into the killing of Litvinenko, who died after drinking tea poisoned with a rare radioactive isotope in a luxury London hotel.

The refusal led to charges against London that it was pandering to the Kremlin, which has always denied any involvement in Litvinenko's death.

The announcement of the review of that decision came amid calls by prime minister David Cameron for tough sanctions against Russia, including the freezing of assets of Putin's closest allies — following the collapse of the Malaysian aircraft in Ukraine last week.

"It has been over seven years since the death of Litvinenko. I very much hope that this investigation will be some consolation to his widow," said the home secretary, Theresa May.

Relations between London and Moscow reached a low point after the death of the 43-year-old former Russian agent and Kremlin critic, who was granted British citizenship.

He died of polonium-210 poisoning, having previously accuse Putin of his murder.

Великобритания объявила, что проведет открытое расследование обстоятельств смерти бывшего шпиона КГБ Александра Литвиненко, который, умирая от отравления в Лондоне в 2006 году, обвинил президента России Владимира Путина в том, что он отдал приказ о его убийстве.

В прошлом году британское правительство отвергло ходатайство о проведении расследования убийства Литвиненко, который умер, после того как выпил чай, отравленный редким радиоактивным изотопом в роскошном лондонском отеле.

Отказ привел к обвинениям в адрес Лондона в потакании Кремлю, который всегда отрицал свою причастность к смерти Литвиненко.

Объявление о пересмотре этого решения поступило на фоне призывов премьер-министра Дэвида Кэмерона к введению жестких санкций против России, включая замораживание активов ближайших союзников Путина после крушения малазийского самолета на территории Украины на прошлой неделе.

«Прошло более семи лет с момента смерти Литвиненко. Я очень надеюсь, что это расследование станет каким-то утешением для его вдовы», — заявила министр внутренних дел Тереза Мэй.

Отношения между Москвой и Лондоном достигли своего минимума после смерти 43-летнего бывшего российского агента и критика Кремля, которому было предоставлено британское гражданство.

Он умер от отравления полонием-210, успев до этого обвинить Путина в своем убийстве.

Chapter 6

Could the DNR and the LNR be recognised as terrorist states?

Moscow experts estimate the chances.
Victor Vasiliev 07/23/2014 13:25

A group of influential U.S. senators urged president Obama to impose new sanctions against Russia, as well as to consider recognizing the self-proclaimed People's Republic of Donetsk as a terrorist organization.

The document was signed by the chair of the Senate Foreign Relations Committee, Robert Menendez, the chair of the Intelligence Committee, Dianne Feinstein, and the head of the Armed Services Committee, Carl Levin.

"We urge exploring the possibility of recognizing the People's Republic of Donetsk as an international terrorist organization.

There is growing evidence of human rights violations in eastern Ukraine, including abductions and torture. Their actions threaten the lives of innocent Ukrainians, not to mention the unfortunates who are just traveling through the airspace of Ukraine," the senators emphasised.

For the senators, the need for such action is justified by the downing of the Malaysian 'Boeing-777', which killed 298 people, and the fact that the Russian Federation — according to the United States — is assisting militia in eastern Ukraine.

Moscow has repeatedly denied the accusations made by the West of interfering in the situation in Ukraine.

Russian president Vladimir Putin said that before blaming the Russian Federation, it is necessary to present concrete evidence to support the allegations that Moscow is intervening in the situation by supplying weapons and by directing the militias.

Глава 6

Признают ли ДНР и ЛНР террористическими государствами?

Шансы оценивают московские эксперты.
Виктор Васильев 23.07.2014 13:25

Группа влиятельных американских сенаторов призвала президента Обаму ввести новые санкции против России, а также рассмотреть возможность признания самопровозглашенной Донецкой народной республики террористической организацией.

Подписи под документом поставили председатель сенатского комитета по международным отношениям Роберт Менендес, председатель комитета по разведке Дайенн Файнстайн и глава комитета по вооруженным силам Карл Левин.

«Мы призываем изучить возможность признания Донецкой народной республики международной террористической организацией.

Растущие свидетельства нарушений прав человека в восточной Украине, в том числе похищений и пыток, говорят о том, что их действия угрожают жизням невиновных украинцев, не говоря уже о тех несчастных, которые просто путешествовали через воздушное пространство Украины», — в частности заявили сенаторы.

Необходимость таких действий сенаторы обосновывают крушением малазийского «Боинга-777», в результате которого погибли 298 человек, и тем, что РФ, по данным США, оказывает содействие ополчению на востоке Украины.

Москва неоднократно отвергала обвинения Запада во вмешательстве в ситуацию в Украине.

Президент России Владимир Путин заявлял, что, прежде чем обвинять РФ, надо представить реальные доказательства того, что якобы Москва вмешивалась в ситуацию, поставляя туда оружие и направляя вооруженные формирования.

On July 22, Ukraine's parliament appealed to international and European organizations to recognize the breakaway Donetsk and Lugansk people's republics as terrorist organizations.

Have there been similar precedents around the world?

A researcher at the Institute of World Economy and International Relations, and author of books on international terrorism, Andrei Yashlavsky, responds in the affirmative.

"There are analogous situations," he said in an interview with the Russian service of 'Voice of America'. "For example, the self-proclaimed jihadists in the North Caucasus: the so-called Caucasus Emirate.

It is recognized as a terrorist organization in Russia and, as I recall, also in many Western countries."

Actually, the self-proclaimed Caucasus Emirate is an underground radical separatist Islamist terrorist organisation, covering Dagestan, Chechnya, Ingushetia, Kabardino-Balkaria, and Karachay-Cherkessia.

In 2010, the Supreme court, at the request of the prosecutor general, banned the Caucasus Emirate in Russia, and recognized it as a terrorist organization. In 2011, the U.S. State department classified the Caucasus Emirate as a terrorist organization.

Therefore, in theory and in practice, a quasi-state, like in Donetsk and Lugansk, can also be considered a terrorist organization, believes Yashlavsky.

"As to the specific charge that the so-called Donetsk and Lugansk people's republics are actually terrorist organizations, it is debatable," he added.

Парламент Украины 22 июля обратился к международным и европейским организациям с предложением признать самопровозглашенные Донецкую и Луганскую народные республики террористическими организациями.

Были ли подобные прецеденты в мировой практике?

Научный сотрудник Института мировой экономики и международных отношений РАН, автор книг по международному терроризму Андрей Яшлавский отвечает положительно.

«Аналоги есть, — сказал он в интервью Русской службе «Голоса Америки». — Например, самопровозглашенный на Северном Кавказе джихадистами так называемый Имарат Кавказ.

Он признан террористической организацией в России и, насколько я помню, также в ряде стран Запада».

Фактически Кавказский эмират (самоназвание Имарат Кавказ) представляет собой сепаратистско-террористическое радикально-исламистское подполье, охватывающее Дагестан, Чечню, Ингушетию, Кабардино-Балкарию и Карачаево-Черкесию.

В 2010 году Верховный суд РФ по заявлению Генпрокуратуры запретил деятельность Имарата Кавказ в России, признав организацию террористической. В 2011 году Госдепартамент США признал Имарат Кавказ террористической организацией.

Поэтому квази-государства в Донецке и Луганске теоретически и практически также могут быть признаны террористическими организациями, полагает Яшлавский.

«Что касается конкретного причисления так называемых Донецкой и Луганской народных республик к террористическим организациям, то это вопрос дискуссионный, — добавил он.

"But, given the fact that the West has developed quite stable definitions of this kind of terrorism, I think the chances of DNR and LNR being recognised as terrorist organizations is quite high."

A senior fellow at the Institute of International Security Problems of the Russian Federation, Alexei Fenenko, in a conversation with a 'Voice of America' reporter, gave another example.

"When the Taliban were forced out of Afghanistan in 2003 and came to Pakistan, the Americans first recognized the radical Pakistani terrorist organization," he said.

"And secondly, Washington has provided Islamabad status as a key ally outside of NATO. Also, negotiations began on the joint protection of Pakistan's nuclear facilities."

Andrew Yashlavsky reminded us that Ukraine also has numerous nuclear facilities.

"So, the Pakistani scenario, in principle, can be implemented here," he concluded.

As for the future inclusion in the 'black list' of international terrorists, that largely depends on the position of Europe, he said.

"If the Americans succeed in getting continental Europe on board, it will be serious. If not, it will just be a factor in bilateral US-Ukrainian relations," he stressed.

How effective would such a measure be if Russia does not support it?

"On this occasion Russia can only express its opinion, which is unlikely to have an impact on the adoption of a decision. So in this case, Moscow's position does not mean much," summarized Yashlavsky.

— Но с учетом того, что на Западе сложились довольно-таки устойчивые представления об этих феноменах как о террористических, думаю, шансы признания ДНР и ЛНР террористическими организациями довольно высоки».

Ведущий научный сотрудник Института проблем международной безопасности РАН РФ Алексей Фененко привел в разговоре с корреспондентом «Голоса Америки» другой пример.

«Когда в 2003 году выбитые из Афганистана талибы пришли в Пакистан, американцы, во-первых, признали радикальные пакистанские организации террористическими, — заметил он.

— А во-вторых, Вашингтон предоставил Исламабаду статус ключевого союзника вне НАТО. Плюс начались переговоры о совместной охране ядерных объектов Пакистана».

Андрей Яшлавский напомнил, что в Украине тоже находится немало ядерных объектов.

«Так что пакистанский вариант тут, в принципе, может быть реализован», — резюмировал он.

Что касается перспектив включения в «черный список» международных террористов, то они во многом зависят от позиции Европы, считает эксперт.

«Если американцам удастся подтянуть на свою сторону континентальную Европу, это будет серьезно. Если же нет — то это будет просто факт двусторонних американо-украинских отношений», — подчеркнул он.

Насколько эффективной будет данная мера, если ее не поддержит Россия?

«Россия может выразить по этому поводу только свое мнение, которое вряд ли будет иметь влияние на принятие того или иного решения. Так что в данном случае позиция Москвы тут мало что значит», — обобщил Яшлавский.

WT: Pentagon sends a group of military advisers to Ukraine

According to the Washington Times newspaper, experts will be engaged in developing a long-term program of support by the United States for the Ukrainian army.

Russian service: "Voice of America" Updated 24.07.2014

A group of representatives from the Pentagon have been sent to Ukraine to help Kiev in rebuilding its armies combat capability, according to the Washington Times newspaper.

According to the newspaper, U.S. lawmakers and military experts expect that the outcome of this mission will be recommendations to increase military aid to a country that has been fighting with pro-Russian separatists.

In the next few weeks, a group of representatives of the ministry of Defence, specializing in strategy and policy, will visit Kiev to evaluate specific programs that the United States may want to develop, the newspaper said, quoting Pentagon spokesperson colonel Steven Warren.

Planned deployment of a multinational force in eastern Ukraine

Australia is ready to send a team of security personnel to the 'Boeing' crash site.

Russian service "Voice of America" Updated 24.07.2014

The Australian Foreign minister said that her country is ready to provide all necessary resources for the protection of the Malaysian airliner crash site in Ukraine, with the help of multinational forces.

According to press reports, Australian soldiers and police may be sent to the country.

WT: Пентагон направляет в Украину группу военных советников

По данным газеты Washington Times, эксперты займутся разработкой долгосрочной программы поддержки Соединенными Штатами украинской армии.

Русская служба «Голоса Америки» Обновлено 24.07.2014

Группа представителей Пентагона направляется в Украину, чтобы помочь Киеву в восстановлении боеспособности его армии, сообщает газета Washington Times.

Как отмечает издание, законодатели США и военные эксперты ожидают, что итогом этой миссии станут рекомендации по увеличению военной помощи стране, которая ведет борьбу с пророссийскими сепаратистами.

В ближайшие несколько недель группа представителей министерства обороны, специализирующихся на стратегии и политике, посетит Киев, чтобы оценить конкретные программы, которые США, возможно, захотят развить, сообщил газете представитель Пентагона полковник Стивен Уоррен.

Планируется развертывание многонациональных сил на востоке Украины

Команду своих силовиков к месту катастрофы «Боинга» готова направить Австралия.

Русская служба «Голоса Америки» Обновлено 24.07.2014

Министр иностранных дел Австралии заявила, что ее страна готова предоставить все необходимые ресурсы для охраны места катастрофы малазийского авиалайнера на территории Украины с помощью многонациональных сил.

По сообщениям прессы, в страну могут быть направлены австралийские военнослужащие и полицейские.

Minister Julie Bishop said that she was going to Kiev with a colleague from the Netherlands, Frans Timmermans, to meet with Ukrainian leaders. The visit will be devoted to discussing the protection of the area around the crash site, which is controlled by the separatists.

According to her, guarding the crash site is the second priority for Australia, after the repatriation of the remains of Australian citizens and residents who were on board the Malaysia Airlines aircraft — allegedly shot down by a 'surface-to-air' Missile. All 298 people on board were killed.

"We are ready to provide any necessary support or resources," Bishop said in a statement.

Prime minister Tony Abbott said Wednesday that he is in discussion with government leaders about options for the protection of the crash site — a total area of 50 square kilometres.

According to him, the preferred option would be a multinational security force led by countries such as Australia, the Netherlands, and Malaysia, who lost their citizens as a result of this tragedy.

According to Abbott, 50 Australian police have been sent to London and are waiting for the signal to be deployed.

The Australian prime minister said that he had discussed the plan with presidents Petro Poroshenko and Vladimir Putin, and would like to proceed with the deployment "as soon as possible."

The Sydney newspaper The Daily Telegraph reported that the option Abbott is likely to present on Thursday will include a special military force composed of representatives from the Australian Federal Police, which will be under the protection of the Australian military, which in turn is likely to become part of multinational security force led by the Netherlands — a NATO member state.

Министр Джули Бишоп заявила, что она направляется в Киев вместе со своим коллегой из Нидерландов Франсом Тиммермансом для встречи с украинскими лидерами, посвященной обсуждению охраны места падения самолета на территории, которую контролируют сепаратисты.

По ее словам, охрана места катастрофы является второй приоритетной задачей Австралии после репатриации останков австралийских граждан и жителей, находившихся на борту самолета авиакомпании Malaysia Airlines, предположительно сбитого ракетой «земля-воздух». Все 298 человек, находившиеся на борту, погибли.

«Мы готовы обеспечить любую необходимую поддержку или ресурсы», — говорится в заявлении Бишоп.

Премьер-министр Тони Эббот заявил в среду, что он обсуждает с лидерами правительства варианты охраны места катастрофы общей площадью 50 квадратных километров.

По его словам, предпочтительным вариантом было бы направление многонациональных сил безопасности во главе с такими странами, как Австралия, Нидерланды и Малайзия, которые потеряли своих граждан в результате этой трагедии.

По словам Эббота, 50 австралийских полицейских уже отправлены в Лондон и ждут сигнала к развертыванию.

Австралийский премьер заявил, что обсудил этот план с президентами Петром Порошенко и Владимиром Путиным и хотел бы приступить к развертыванию «как можно скорее».

Сиднейская газета Daily Telegraph сообщила, что вариант, который, вероятно, будет представлен Эбботу в четверг, будет включать специальную группу войск в составе представителей австралийской федеральной полиции, которые будут находиться под защитой австралийских военных, которые, в свою очередь, вероятно, войдут в состав многонациональных сил безопасности под руководством Нидерландов — государства-члена НАТО.

The prime minister of the Netherlands, Mark Rutte, has asked Abbott whether Australia would be willing to take part in a group of troops led by the Netherlands, the newspaper said.

An Australian national newspaper reported that up to 100 Australian police and military personnel may go to Ukraine, in the various options being considered by the government.

None of the newspapers indicated their sources, but it is known that the government regularly supplies them anonymous, but accurate information.

Ukraine declares military shelling is coming from Russian territory

Kiev said this in relation to it taking control of the city Lysychansk, which was controlled by separatists for several months.

Russian service: "Voice of America" Updated 25/07/2014

On Friday, the Ukrainian military said that its soldiers came under fire from night-time shelling from the Russian side of the border, and were attacked by separatists in several areas in the east.

The Ukrainian army is trying to push back the separatists, cutting them off from the border with Russia, which, according to Kiev, is their source of new forces and weapons.

Moscow strongly denies any involvement in the conflict between pro-Russian separatists and government troops, which has killed more than 400 people, while tens of thousands have been forced to flee their homes.

In a statement, the government headquarters of the military operation in the east of the country reported that separatists attacked the Ukrainian troops in at least seven locations.

Премьер-министр Нидерландов Марк Рютте уже спрашивал Эббота, будет ли Австралия принимать участие в группе войск под руководством Нидерландов, сообщает газета.

Национальная газета Australian сообщила, что в Украину могут отправиться до 100 австралийских полицейских и военнослужащих в рамках различных вариантов, рассматриваемых правительством.

Ни одна из газет не указала своих источников, однако известно, что правительство регулярно снабжает их анонимной, но точной информацией.

Украина заявляет, что ее военных обстреливают с территории России

Киев заявил о взятии под контроль города Лисичанска, который несколько месяцев контролировали сепаратисты.

Русская служба «Голоса Америки» Обновлено 25.07.2014

Украинские военные в пятницу заявили, что ее солдаты попали под ночной артобстрел с российской стороны границы и были атакованы сепаратистами в нескольких районах на востоке страны.

Украинская армия пытается оттеснить сепаратистов, отрезав их от границы с Россией, которая, как считает Киев, является для них источником поступления новых сил и оружия.

Москва решительно отвергает свою причастность к конфликту между пророссийскими сепаратистами и правительственными войсками, в котором погибли более 400 человек, а десятки тысяч были вынуждены покинуть свои дома.

В заявлении штаба правительственной военной операции на востоке страны перечислены по крайней мере семь районов, в которых сепаратисты атаковали украинские войска.

The statement noted that the attacks in two locations, including at one border crossing, were supported by artillery fire from Russia.

On Thursday evening, Ukrainian troops entered the city of Lysychansk, which had been in the hands of the separatists for several months, according to a press release from the military.

On Friday morning, separatists admitted to the "Interfax" agency that they were forced to leave the city, which is located 70 kilometres north-west of Lugansk.

The Netherlands will send unarmed military police to the east of Ukraine

Australia announced the deployment to Europe of a total of 190 police and military personnel, to participate in a future multinational force in Ukraine.

Russian service: "Voice of America" Updated 25/07/2014

The Netherlands will send 40 unarmed military police to the east of Ukraine under the framework of expanding efforts to search for the remains of the remaining victims of the downed Malaysia Airlines plane.

This was announced on Thursday by prime minister Mark Rutte.

Amsterdam will also send forensic experts to the crash site. They will try to establish the circumstances of the crash a week ago. All 298 people on board were killed.

U.S. officials say that 'Boeing-777' was probably hit by a missile from territory controlled by pro-Russian separatists, and, most likely by accident.

According to Rutte, military police will assist investigators.

В заявлении отмечается, что атаки в двух местах, в том числе на одном пограничном переходе, были поддержаны артиллерийским огнем из России.

Вечером в четверг украинские войска вошли в город Лисичанск, который находился в руках сепаратистов несколько месяцев, говорится в пресс-релизе военных.

Утром в пятницу сепаратисты признались агентству «Интерфакс», что были вынуждены покинуть город, который находится в 70 километрах к северо-западу от Луганска.

Нидерланды отправят невооруженную военную полицию на восток Украины

Австралия объявила о дислокации в Европе в общей сложности 190 полицейских и военнослужащих для участия в будущих многонациональных силах в Украине.

Русская служба «Голоса Америки» Обновлено 25.07.2014

Нидерланды направят 40 невооруженных военных полицейских на восток Украины в рамках активизации усилий по поиску останков оставшихся жертв сбитого самолета авиакомпании Malaysia Airlines, которые все еще находятся на месте катастрофы.

Об этом в четверг объявил премьер-министр страны Марк Рютте.

Амстердам также направит к месту падения судебно-медицинских экспертов, которые попытаются установить обстоятельства катастрофы самолета, сбитого неделю назад. Все 298 человек, находившиеся на борту, погибли.

Представители США говорят, что «Боинг-777», вероятно, был сбит ракетой с территории, контролируемой пророссийскими сепаратистами, причем, скорее всего, случайно.

По словам Рютте, военная полиция будет помогать следователям.

"They will act as forensic experts," he said. "They will act as extra sets of hands and eyes, and will search for the remaining remains and personal belongings."

The statement by the Dutch premiere on Thursday came a few hours after two military aircraft landed at a military base in the Netherlands, bringing coffins containing the remains of 74 victims.

A day earlier, Dutch and Australian aircraft delivered the first 40 coffins. Additional flights are expected to take place on Friday.

Meanwhile, Australia has announced the deployment to Europe of 190 police and military personnel, to participate in a future multinational force for Ukraine. Some of them will be armed.

Earlier, Australian prime minister Tony Abbott announced the dispatch to the UK of 50 Australian police, but on Friday, the national police made an amendment to this announcement, declaring that the actual number of police officers is 90.

Now, Abbott has announced that this contingent will be joined by 100 additional police and military personnel, who will be part of the Netherlands-led multinational security force, to be inserted at the crash site of the Malaysian airliner.

"This is a humanitarian mission, which will have a simple and clear objective," Abbott said. "If the forces end up being deployed in Ukraine, I expect the mission will take a few weeks."

«Они будут выглядеть как судебные эксперты, — сказал он. — Они будут дополнительными руками и глазами, которые будут разыскивать оставшиеся останки и личные вещи».

Заявление голландского премьера в четверг появилось через несколько часов после того, как два военного самолета приземлились на военной базе в Нидерландах, доставив 74 гроба с останками погибших.

Днем ранее голландский и австралийский самолеты доставили первые 40 гробов. Ожидается, что в пятницу состоятся новые рейсы.

Между тем Австралия объявила о дислокации в Европе 190 полицейских и военнослужащих для участия в будущих многонациональных силах для Украины. Некоторые их них будут носить оружие.

Ранее австралийский премьер-министр Тони Эббот сообщил об отправке в Великобританию 50 австралийских полицейских, но в пятницу национальная полиция внесла в это объявление поправку, объявив, что реальное число полицейских достигло 90.

Теперь Эббот объявил, что к этому контингенту присоединятся еще 100 полицейских и военнослужащих, которые станут частью возглавляемых Голландией многонациональных сил безопасности, которые планируется разместить на месте крушения малазийского авиалайнера.

«Это будет гуманитарная миссия, перед которой будет стоять простая и ясная задача, — сказал Эббот — Если силы будут развернуты в Украине, то я ожидаю, что она будет продолжаться несколько недель».

Cameron: Sanctions — "it is the only language that Russia understands"

The British prime minister urged the United States and Europe to jointly oppose Russia and end the conflict in Ukraine.

Russian service: "Voice of America" Updated 25/07/2014

British prime minister David Cameron on Friday called for tough new economic sanctions against Russia, citing the fact that "serious economic measures is the only language that Russia understands."

In an article published in The New York Daily News, the British leader said that Russia is attempting to destabilize a sovereign state, is violating its territorial integrity, and is arming and training the separatists — and the world has paid the price.

Cameron was in favour of a ban on future sales of military equipment to Moscow from countries of the European Union.

"Causing economic damage to Russia will entail some economic consequences for our economies," says Cameron. "However, serious economic measures is the only language that Russia understands."

As diplomats said on Thursday, EU governments agreed to expand the sanctions list, adding 15 individuals, 18 companies, and other organizations, in relation to undermining the territorial integrity of Ukraine.

"It is time to make our power, influence, and resources felt," said Cameron in a newspaper article. "Together with the U.S., Europe must do all that is necessary to oppose Russia and end the conflict in Ukraine, before it leads to new cases of the death of innocent people."

Кэмерон: Санкции — «это единственный язык, который понимает Россия»

Британский премьер призвал США и Европу совместно выступить против России и положить конец конфликту в Украине.

Русская служба «Голоса Америки» Обновлено 25.07.2014

Премьер-министр Великобритании Дэвид Кэмерон в пятницу призвал к введению жестких экономических санкций против России, мотивируя это тем, что «серьезные экономические меры — это единственный язык, который понимает Россия».

В статье, опубликованной в газете New York Daily News, британский лидер заявил, что Россия предпринимает попытки дестабилизации суверенного государства, нарушения его территориальной целостности, вооружения и подготовки сепаратистов — и мир уже заплатил за это цену.

Кэмерон выступает за запрет на будущие продажи военного оборудования Москве странами Европейского Союза.

«Нанесение экономического ущерба России повлечет некоторые экономические последствия и для наших экономик, — пишет Кэмерон. — Однако серьезные экономические меры — это единственный язык, который понимает Россия».

Как сообщили дипломаты, в четверг правительства стран Евросоюза согласились расширить санкционный список, добавив в него 15 физических лиц и 18 компаний и других организаций в связи с подрывом территориальной целостности Украины.

«Пора сделать так, чтобы наша сила, влияние и ресурсы стали ощутимыми, — указал Кэмерон в газетной статье. — Вместе с Америкой Европа должна сделать все, что нужно, чтобы выступить против России и положить конец конфликту в Украине, прежде чем он приведет к новым случаям гибели ни в чем неповинных людей».

Obama and Rutte deem new sanctions against Russia necessary

The leaders of the United States and the Netherlands concluded that Moscow has not taken steps to de-escalate the situation in eastern Ukraine.

Russian service "Voice of America" Updated 25/07/2014

U.S. president Barack Obama held a telephone conversation with the prime minister of the Netherlands, Mark Rutte, and, as the White House said, both sides agreed on the need for additional sanctions against Russia in connection with the fact that it is continuing to arm pro-Russian separatists in Ukraine.

The White House said that in the communication, the two leaders agreed that Russia has not taken steps to de-escalate the situation in eastern Ukraine, a week after the downing of the Malaysian passenger plane.

According to U.S. officials, it was shot down by pro-Russian separatists using Russian weaponry. All 298 people on board were killed.

"The parties agreed that all the evidence points to the fact that instead of de-escalating the situation, Russia continues to arm and equip the separatists, who are continuing their aggressive action against the Ukrainian armed forces," said the White House.

Rutte and Obama believe that Russia should not be allowed to "destabilize the situation in Ukraine with impunity, and that the international community must impose additional sanctions."

Obama also held talks with Australian prime minister Tony Abbott. The White House announced that they had agreed that international investigators must have immediate access to the crash site.

Обама и Рютте считают необходимыми новые санкции против России

Лидеры США и Нидерландов пришли к выводу, что Москва не предпринимает шагов по деэскалации ситуации в Восточной Украине.

Русская служба «Голоса Америки» Обновлено 25.07.2014

Президент США Барак Обама провел телефонный разговор с премьер-министром Нидерландов Марком Рютте и, как сообщил Белый дом, собеседники пришли к единому мнению о необходимости введения дополнительных санкций против России в связи с тем, что она продолжает вооружать пророссийских сепаратистов в Украине.

В сообщении Белого дома говорится, что лидеры двух стран заявили, что Россия не предприняла шагов по деэскалации ситуации на востоке Украины через неделю после крушения малазийского пассажирского самолета.

По мнению американских чиновников, он был сбит пророссийскими сепаратистами с использованием российского оружия. Все 298 человек, находившиеся на борту, погибли.

«Стороны согласились, что все свидетельства указывают на то, что вместо деэскалации ситуации Россия по-прежнему вооружает и снабжает сепаратистов, которые продолжают агрессивные действия против украинских вооруженных сил», — заявил Белый дом.

Обама и Рютте полагают, что России не должно быть позволено «дестабилизировать ситуацию в Украине безнаказанно, и поэтому международное сообщество должно ввести дополнительные санкции».

Обама также провел беседу с премьер-министром Австралии Тони Эбботом. Белый дом сообщил, что они согласились, что международные следователи должны получить немедленный доступ к месту катастрофы.

General Martin Dempsey is concerned about "the wave of nationalism" in Europe

According to Dempsey, the growth of this wave is generated by the actions of Russia.

The news service: "Voice of America" 07/26/2014

The chairperson of the Joint Chiefs of Staff of the U.S. Armed Forces, Martin Dempsey, believes that the Russian Armed Forces command is a "perhaps unwilling participant" in the form of fighting that is going on in Ukraine.

The comments by Dempsey came at the moment when the United States accused Moscow of Russian arms transfer to Ukrainian separatists.

Washington also accused Russia of artillery fire into Ukrainian territory, while American surveillance revealed no evidence of fire into the territory of Russia from Ukraine.

According to Dempsey, speaking in Colorado at a forum on security, he fears that "the rising tide of nationalism," which was ignited by Russia, could flood to other parts of Europe:

"I am afraid… if I am afraid of something, in this regard, [it is] that Putin could start a fire, which he cannot control.

In other words, the nationalist tide is rising in these ethnic enclaves, and nationalism can be a very dangerous instinct and impulse.

In Europe, the rising wave of nationalism — which, in many respects, was created by Russian actions —, I find quite dangerous. "

Генерал Мартин Демпси обеспокоен «волной национализма» в Европе

По мнению Демпси, рост этой волны вызван деятельностью России.

Служба новостей «Голоса Америки» 26.07.2014

Председатель Объединенного комитета начальников штабов Вооруженных сил США Мартин Демпси полагает, что командование российских Вооруженных сил выступают в роли, «возможно, вынужденных участников» в той форме боевых действий, которые идут в Украине.

Комментарии Демпси прозвучали в тот момент, когда США обвиняют Москву в передаче российских вооружений украинским сепаратистам.

Вашингтон также обвинил Россию в ведении артиллерийского огня по украинской территории, в то время, как американское наблюдение не выявило свидетельств стрельбы по территории России со стороны Украины.

По словам Демпси, выступавшего в Колорадо на форуме по безопасности, он опасается того, что «поднимающаяся волна национализма», который разожгла Россия, может затопить другие части Европы:

«Я боюсь, если я боюсь чего-то в этой связи, что Путин может устроить пожар, который он не сможет контролировать.

Другими словами, в этих этнических анклавах, поднимается националистическая волна, а национализм может быть очень опасным инстинктом и импульсом.

В Европе поднимается волна национализма, которая, во многом, создана вот этой российской деятельностью, и я нахожу это достаточно опасным».

Pentagon spokesperson Steve Warren said yesterday that, according to the command, the Russian weapons to be transferred to the separatists will be more sophisticated than those used previously — including large calibre artillery systems.

Warren also noted that the separatists will receive "land-land" class systems, rather than "land-air" ones — like the one that is suspected of having shot down the Boeing plane from Malaysia Airlines.

In addition, on Friday when the EU met in Brussels, it voted for the extension of sanctions against Russia, which will affect the management of Russian intelligence and the coup leaders in eastern Ukraine.

Among the 15 new names will appear, for example, the name of the head of the Federal Security Service, Alexander Bortnikov. Eighteen companies have also been added to the list.

The Russian Foreign Ministry reacted angrily to the information on sanctions, saying they undermine the joint fight against terrorism by limiting cooperation with Moscow.

Представитель Пентагона Стив Уоррен заявил накануне, что, по мнению командования, российские вооружения, передаваемые сепаратистам, будут включать, в том числе более совершенные, чем использовавшиеся ранее, крупнокалиберные артиллерийские системы.

Уоррен также отметил, что сепаратистами используются системы класса «земля — земля», а не «земля — воздух» вроде той, которой, как подозревается, был сбит Боинг Malaysia Airlines.

Кроме того, в пятницу послы ЕС встретились в Брюсселе, где голосовали за расширении санкций в отношении России, которые коснутся руководства российских разведслужб и лидеров переворота на востоке Украины.

Среди 15 новых имен значится, например, имя главы ФСБ РФ Александра Бортникова. Кроме того, в список добавлены 18 компаний.

Министерство иностранных дел РФ гневно отреагировало на информацию о санкциях, заявив, что они подорвут совместную борьбу с терроризмом, ограничив сотрудничество с Москвой.

Chapter 7

Russia becomes more aggressive

According to the Pentagon, there is now about 15 thousand soldiers concentrated on the Russian side of the border with Ukraine.

Alexei Berezin, Yulia Savchenko 25/07/2014

Diplomatic statements and expressions of concern about the Kremlin in relation to the events in Ukraine have remained current. In fact, Moscow has once again started to increase military forces on the borders with Ukraine, and has increased military support to pro-Russian separatists.

The Pentagon spokesperson, colonel Steve Warren, called Russia's actions "an apparent escalation."

Moreover, he said that over the past few days the Ukrainian troops have been shelled from Russian territory.

In turn, the State department said that it has evidence of these attacks.

State department spokesperson Marie Harf also added that there is evidence that Russia intends to supply the pro-Russian separatists with heavier and more powerful missile systems.

"Russia remains extremely aggressive towards Ukraine. There is no indication that Moscow is retreating.

Russian does not take responsibility for the downed plane. Russia remains a serious threat, both for Ukraine and the West.

For the United States and Western countries it is time to make decisions and to be vigilant," said Nile Gardiner, director of the Margaret Thatcher Centre for Freedom at The Heritage Foundation, to the Russian service of 'Voice of America'.

Глава 7

Россия пошла на обострение

По оценкам Пентагона, на российской стороне границы с Украиной сконцентрированы около 15 тысяч военнослужащих.

Алексей Березин, Юлия Савченко 25.07.2014

Дипломатические заявления и выражение обеспокоенности Кремлем по поводу происходящих событий в Украине так и остались словами: на деле Москва вновь начала наращивать военную группировку на границах с Украиной и усилила военную поддержку пророссийских сепаратистов.

«Очевидной эскалацией» назвал действия России официальный представитель Пентагона полковник Стив Уоррен.

Более того, он заявил, что украинские войска на протяжении последних нескольких дней подверглись артиллерийским обстрелам с территории России.

В свою очередь, Государственный департамент заявил, что располагает свидетельствами этих атак.

Официальный представитель Госдепа Мари Харф также добавила, что есть и доказательства того, что Россия намерена поставить пророссийским сепаратистам более тяжелые и более мощные ракетные комплексы.

«Россия остается крайне агрессивной в отношении Украины. Нет признаков того, что Москва отступает.

Русские не взяли на себя ответственность за сбитый самолет, Россия остается серьезной угрозой — как для Украины, так и для Запада.

Для США и западных стран это время принимать решения и быть бдительными», — сказал Русской службе «Голоса Америки» Найл Гардинер директор Центра для свободы имени Маргарет Тэтчер исследовательского фонда «Наследие».

According to him, in the current situation the United States should use a long-term strategy designed to limit the actions of Putin and Russia:

"This should include greater diplomatic isolation of Russia, including exclusion from the summit of participants in the 'G-20' in Australia."

At the same time, he said, the United States should strengthen military cooperation with NATO allies, including strengthening the anti-missile system in Europe, and exit the US-Russia START 3 treaty.

"All these measures should be taken together with energy constraints for Russia in Europe, and work towards reducing European dependence on Russian energy.

This should be a comprehensive approach, not only limited to sanctions," said Gardiner.

In an interview with the radio station WBAL, Brookings Institution expert Steven Pifer said that Russia has been supporting separatists in eastern Ukraine since April.

"In the last month and a half, there has been a fairly constant flow of heavy weapons into Ukraine through the Russian border, including tanks, artillery pieces, and 'surface-to-surface' missile systems.

Russia supports the separatists," said Pifer. According to him, it is very difficult for the West to directly affect the separatists, but the West could put pressure on Russia, forcing it to do two things: stop supplying arms to separatists, and use its influence with the separatists to get them to lay down their arms and sit down at the negotiating table.

However, as stated by Seth Cropsey, an expert at the Hudson Institute, to the Russian service of 'Voice of America', the disposition of European forces is such that, in the circumstances, there is an extremely low probability that they can act as a counterbalance to Putin. "The same goes for the United States," Cropsey said.

По его словам, в сложившейся ситуации США должны использовать долгосрочную стратегию, направленную на ограничение действий Путина и России:

«Это должно включать в себя большую дипломатическую изоляцию России, в том числе, исключение из участников саммита "Большой двадцатки" в Австралии».

В тоже время, по его словам, США следует активизировать военное сотрудничество с союзниками по НАТО, укрепить систему ПРО в Европе и выйти из американо-российского договора СНВ-3.

«Все эти меры должны приниматься вместе с энергетическими ограничениями для России в Европе и работой в направлении снижения зависимости европейских стран от российских энергоресурсов.

Это должен быть всесторонний подход, не ограниченный только санкциями», — отметил Гардинер.

В интервью радиостанции WBAL эксперт Института Брукингса Стивен Пайфер отметил, что Россия, начиная с апреля, поддерживает сепаратистов на востоке Украины.

«В последний месяц-полтора наблюдается достаточно постоянный приток в Украину через российскую границу тяжелого вооружения, в том числе танков, единиц артиллерии, ракетных систем "земля-земля":

Россия поддерживает сепаратистов», — отметил Пайфер. По его словам, Западу очень сложно повлиять непосредственно на сепаратистов, но Запад мог бы оказать давление на Россию, заставив сделать две вещи: прекратить поставки вооружения сепаратистам и использовать свое влияние на сепаратистов, чтобы те сложили оружие и сели за стол переговоров.

Впрочем, как заявил Русской службе «Голоса Америки» эксперт Института Хадсона Сет Кропси, диспозиция европейских сил такова, что, в сложившейся ситуации, выступать противовесом Путину они могут с крайне малой вероятностью. «То же самое касается США», — отметил Кропси.

Diplomats call on Israel and Hamas to extend the truce

This was announced in Paris by the heads of diplomacy of seven states.

Scott Stearns 07/26/2014

PARIS - French Foreign minister Laurent Fabius met with colleagues from the UK, Germany, Italy, Qatar, Turkey, and the United States in order to prolong the period of the cease-fire between Israel and Hamas in Gaza.

"We urge all parties to reach an agreed, sustainable cease-fire that will respond to Israel's concerns about security, but also the expectations of the Palestinians regarding economic development and access to Gaza," Fabius said.

U.S. officials, who came to this meeting with secretary John Kerry, said that, according to Hamas, some promised conditions of the cease-fire agreement in 2012 were never implemented.

Primarily, it is the cancellation of the Israeli and Egyptian blockade of Gaza. Therefore, Hamas representatives view the current agreement with great scepticism.

Kerry cannot negotiate directly with Hamas, because the United States considers it a terrorist organization, so the secretary of State works with the help of Turkey and Qatar — the main supporters of Hamas.

During the tripartite meeting with John Kerry and the Foreign minister of Qatar, Khaled bin Mohammed Al Attiyah, the Turkish Foreign minister, Ahmet Davutoglu, said that Ankara is seeking a long-term solution to end the violence:

Дипломаты призывают Израиль и ХАМАС продлить перемирие

Об этом в Париже заявили главы дипломатии семи государств.

Скотт Стернс 26.07.2014

ПАРИЖ — Министр иностранных дел Франции Лоран Фабиус встретился с коллегами из Великобритании, Германии, Италии, Катара, Турции и США для того, чтобы способствовать продлению срока прекращения огня между Израилем и ХАМАС в Газе.

«Мы призываем все стороны достичь оговоренного, устойчивого прекращения огня, которое будет отвечать озабоченностям Израиля по поводу безопасности, но также и ожиданиям палестинцев в том, что касается экономического развития и доступа к Газе», — заявил Фабиус.

Американские официальные лица, приехавшие на эту встречу вместе с госсекретарем Джоном Керри, говорят, что, по мнению ХАМАС, некоторые обещанные условия соглашения о прекращении огня 2012 года никогда не были выполнены.

В первую очередь, это отмена израильской и египетской блокады Газы. Поэтому представители ХАМАС с большим скепсисом воспринимают нынешнее соглашение.

Керри не может вести переговоры с ХАМАС напрямую, поскольку Соединенные Штаты считают эту организацию террористической, так что госсекретарь работает с помощью Турции и Катара — главных сторонников ХАМАС.

В ходе трехсторонней встречи с Джоном Керри и министром иностранных дел Катара Халедом бен Мухаммедом аль Аттыйя, министр иностранных дел Турции Ахмет Давутоглу заявил, что Анкара добивается более долгосрочного решения о прекращении насилия:

"Turkey will work hard to stop the bloodshed and achieve a sustainable cease-fire, and as a result of all these efforts, to obtain two-state solution, which is the only real solution to end all of these disasters and end all this bloodshed."

Secretary of State Kerry headed nine months of talks about a two-state solution, which came to an end in April with no outcome.

However, those negotiations involved a faction leader of the Palestinian Authority, Mahmoud Abbas, from Fatah, while there were no participants from Gaza, which is controlled by Hamas.

Israel has long sought to limit the transport links with Gaza so that Hamas does not receive weapons.

Qatari minister Al Attiyah said that the port in Gaza can be monitored by the international community:

"The situation in Gaza is tragic. I think it deserves to be able to receive goods and to trade freely.

They deserve to have a port where they can bring in goods, even if it is under international supervision."

In talks about the future of Gaza involving the international community, John Kerry has spent almost a week trying to broker a cease-fire that would lead to a broader one.

However, Kerry said that Israel cannot accept a cease-fire agreement that does not include protection from attacks by Hamas, and the Palestinians cannot enter into such an agreement if they do not believe that, as Kerry said, "they can breathe freely and move forward."

"The Palestinians must live in dignity with a certain freedom of movement of goods, and they need a life free from the current restrictions that they feel every day, and, of course, violence.

«Турция будет напряженно работать, чтобы прекратить кровопролитие и достичь устойчивого прекращения огня, а в итоге всех этих усилий получить двухгосударственное решение, что является реальным решением для остановки всех этих бедствий и кровопролития».

Госсекретарь Керри возглавлял длившиеся девять месяцев переговоры о двухгосударственном решении, которые безрезультатно завершились в апреле.

Но в тех переговорах принимала участия фракция лидера Палестинской автономии Махмуда Аббаса «Фаттах», а участников из Газы, которая управляется ХАМАСом, не было.

Израиль долго добивался ограничения транспортных коммуникаций с Газой, чтобы ХАМАС не получил оружия.

Катарский министр аль Аттыйя заявляет, что порт в Газе может контролироваться международным сообществом:

«Трагическая ситуация в Газе, я думаю, заслуживает того, чтобы туда свободно поступали товары и шла свободная торговля.

Они заслуживают того, чтобы иметь свой порт, куда и откуда они могут привозить товары, даже если это происходит под международным наблюдением».

Джон Керри почти неделю пытался добиться прекращения огня, что привело бы к более широким, с участием международного сообщества переговорам о будущем Газы.

Однако Керри заявляет, что у Израиля не может быть соглашения о прекращении огня, которое не защищало бы его от нападений ХАМАС, а палестинцы не могут заключить такое соглашение, если они не верят, что, как сказал Керри, «могут вздохнуть свободнее и двигаться по переходам».

«Палестинцы должны жить достойно с некоей свободой движения товаров, и им нужна жизнь, свободная от нынешних ограничений, которые они ощущают ежедневно, и, разумеется, от насилия.

But, at the same time, Israelis must be able to live without the rockets that they are threatened by.

And, each conversation we have includes discussions about these conflicting interests, which are real for both sides," Kerry said.

Kerry says that each side has strong sentiments related to their history and the present situation, and the international community is working to break through this and "to ensure Israel's security and the economic and social future of the Palestinians. This is what is at stake."

Russian service "Voice of America" reports:

International media reported that Israel has agreed to extend the truce for another four hours.

At the same time, referring to the Palestinian side, it is reported that since the beginning of the conflict in Gaza, more than one thousand Palestinians have been killed.

After the announcement in Jerusalem of an extended truce, Hamas fired at least three missiles into Israel, thus, for its part, refusing to maintain the cease-fire.

An American doctor working in Liberia has contracted Ebola
For 2014, the epidemic's death toll currently stands at 672.

The news service: "Voice of America" 27.07.2014

An American physician who treated patients infected with Ebola virus in Liberia has been infected by the deadly virus.

Dr Kent Brantley works for the American charity agency Samaritan Purse. According to representatives of the agency, Dr Brantley is hospitalized in a hospital in Monrovia.

Но, в то же время, израильтяне должны жить без ракетных обстрелов и подкопов, которые им угрожают.

И каждый наш разговор включает обсуждение этих противоборствующих интересов, которые реальны для обеих сторон», — отметил Керри.

Керри заявляет, что каждая сторона испытывает сильные чувства, связанные с их историей и теперешним положением, и международное сообщество работает над тем, чтобы пробиться через это и «обеспечить безопасность Израилю и будущее — экономическое и социальное — палестинцам. Вот, о чем идет речь».

Русская служба «Голоса Америки» сообщает:

Мировые СМИ передают, что Израиль согласился продлить перемирие еще на четыре часа.

В то же время, со ссылкой на палестинскую сторону, сообщается, что с начала конфликта в Газе погибли более одной тысячи палестинцев.

ХАМАС, уже после объявления Иерусалима о продлении перемирия, выпустил по территории Израиля не менее трех ракет, отказавшись поддерживать режим прекращения огня со своей стороны.

Американский врач, работавший в Либерии, заразился эболой
В 2014-м году число жертв эпидемии составило 672 человека.

Служба новостей «Голоса Америки» 27.07.2014

Врач-американец, лечивший больных, инфицированных вирусом эбола в Либерии, сам оказался заражен этим смертельным вирусом.

Доктор Кент Брэнтли работает в американском благотворительном агентстве Samaritan Purse. Как сообщили представители агентства, доктор Брэнтли госпитализирован в одной из больниц Монровии.

According to official information, in Sierra Leone an Ebola infected patient — whose relatives were hunted across the country, after they forcibly took her from the hospital and took her to a traditional healer — has died en route to hospital in an ambulance.

According to doctors, the fear and mistrust of the health care system in Sierra Leone, where many people have more trust in 'folk medicine', reduces the effectiveness of efforts to curb the epidemic.

Since the beginning of the outbreak this year, the highly contagious Ebola virus has already claimed the lives of at least 672 people in four African countries.

The U.S. has published pictures confirming the shelling of Ukraine by Russia

The pictures also show weaponry used by separatists from 21 to 26 July.

The news service "Voice of America" 27.07.2014

The United States presented photographs made from satellite images showing that last week the Russian troops supported armed separatists by firing missiles at the position of the Ukrainian army.

These photographs, presented by the Director of National Intelligence and sent to journalists by the State department, show multiple rocket launchers and howitzers, based — as notes the administration — in Russian territory.

Other photographs show visible craters from shells and rockets on the Ukrainian side of the border, as well as heavy weapons — as emphasized by Washington, the separatists got them from Russia. These are weapons used by militants in the period from 21 to 26 July.

Согласно официальной информации, в Сьерра-Леоне зараженная эболой пациентка, за родственниками которой развернулась настоящая охота по всей стране, после того как они насильно забрали ее из больницы и повезли к народному целителю, умерла по дороге в больницу в автомобиле скорой помощи.

По словам медиков, боязнь и недоверие к сотрудникам системы здравоохранения в Сьерра-Леоне, где многие люди больше доверяют народной «медицине», снижают эффективность усилий, направленных на обуздание эпидемии.

С начала вспышки эпидемии в этом году чрезвычайно заразный вирус эболы уже унес жизни, по меньшей мере, 672 человек в четырех африканских странах.

В США обнародованы снимки, подтверждающие факт обстрелов Украины с территории России

На снимках запечатлены вооружения, использованные сепаратистами с 21 по 26 июля.

Служба новостей «Голоса Америки» 27.07.2014

Соединенные Штаты представили сделанные со спутника снимки, подтверждающие, что на минувшей неделе российские войска, поддерживающие вооруженных сепаратистов, подвергли ракетному обстрелу позиции украинской армии.

На этих фотографиях, представленных директором национальной разведки и переданные журналистам Госдепартаментом, показаны системы залпового огня и самоходные гаубицы, базирующиеся, как констатирует администрация, на российской территории.

На других снимках видны воронки от снарядов и ракет на украинской стороне границы и тяжелые вооружения; как подчеркивают в Вашингтоне, сепаратисты получили их от России. Именно это оружие использовалось боевиками в период с 21 по 26 июля.

The photos published on Sunday confirm the statement that was made last week by the spokesperson for the White House. He said that the U.S. had records of rockets launched at the territory of Ukraine from Russia.

Russia's participation in the armed conflict in eastern Ukraine has again been at the centre of international attention following the downing of the Malaysian airliner, [allegedly] shot down by Russian-backed separatists.

Moscow denies direct interference in the Ukrainian conflict, as well as involvement in the Malaysian Boeing crash, which killed 298 passengers and crew members.

Investigators have not been able to get to the crash site of the Malaysian aircraft

Determining the causes of the crash of flight MH17 has been impeded by new clashes between the Ukrainian army and separatists.

Henry Ridgewell Updated 28.07.2014

KIEV - A group of police and international experts — aircraft accident investigators — were forced to cancel a planned visit to the site of the downed Malaysia Airlines aircraft in eastern Ukraine.

There have been reports of violent clashes between government troops and separatist forces from the area where the plane went down ten days ago.

A group of police officers from the Netherlands and Australia had intended to arrive at the crash site on Sunday, but they were forced to stay in a hotel in Donetsk.

Опубликованные в воскресенье фотографии подтверждают заявление, с которым на прошлой неделе выступил пресс-секретарь Белого дома. Он заявил, что США зафиксировали ракеты, выпущенные по территории Украины с территории России.

Участие России в вооруженном конфликте на востоке Украины вновь оказалось в центре внимания международной общественности после крушения малайзийского пассажирского авиалайнера, сбитого поддерживаемыми Россией сепаратистами.

Москва отрицает прямое вмешательство в украинский конфликт, равно как и причастность к катастрофе малайзийского Боинга, унесшей жизни 298 пассажиров и членов экипажа.

Следователи не попали к месту крушения малазийского самолета

Установлению причин крушения рейса МН17 мешают новые столкновения украинской армии и сепаратистов.

Хенри Риджуэлл Обновлено 28.07.2014

КИЕВ — Группа из полицейских и международных экспертов по расследованию авиакатастроф была вынуждена отменить запланированное посещение места сбитого самолета авиакомпании Malaysia Airlines на востоке Украины.

Из района, где десять дней назад упал самолет, поступают сообщения об ожесточенных столкновениях между правительственными войсками и сепаратистами.

Группа полицейских из Нидерландов и Австралии должна была прибыть к месту падения самолета в воскресенье, но они были вынуждены остаться в гостинице в Донецке.

Deputy dead of the OSCE observation mission in Ukraine, Alexander Hug, said, "The crash site seems unsafe, and we will not risk the lives of members of our unarmed observer mission, placing them in an area where we cannot control the risks — that we are not yet sure are acceptable."

Ukraine and its Western allies claim that the plane was hit by a 'surface-to-air' missile, fired by separatists, who are backed by Russia. The separatists and Moscow denies any involvement in the incident.

Earlier, Malaysia announced that it had reached an agreement with the separatists on the admission of a group of unarmed police officers to guard the crash site of the aircraft, owned by Malaysia Airlines, the national carrier.

Australian prime minister Tony Abbott explained his country's role in the police mission.

"Our central and only goal is to recover the bodies of our dead and bring them home as soon as possible," he said.

However, the operation is complicated by the intensifying clashes between government troops and pro-Russian separatists.

The Ukrainian army is apparently making headway: gradually regaining control of the territories captured by the separatists.

Its most recent victory was the city Lysychansk, located about 100 kilometres north of the crash site.

Locals say they are already tired of the conflict.

A young mother with an infant, making her way through the city's rubble-strewn main street, said that she was only able to buy soap at the store. Nothing works, she says, there is no electricity and the banks are closed.

Заместитель главы наблюдательной миссии ОБСЕ в Украине Александр Хуг заявил: «Место падения кажется небезопасным, и мы не будем рисковать жизнями безоружных членов нашей наблюдательной миссии, размещая их в районе, где мы не можем контролировать риски, пока не уверены, что они приемлемы».

Украина и ее западные союзники утверждают, что самолет был сбит ракетой «земля-воздух», выпущенной сепаратистами, которых поддерживает Россия. Сами сепаратисты и Москва отвергают свою причастность к инциденту.

Ранее Малайзия заявляла, что достигла соглашения с сепаратистами о допуске группы безоружных полицейских для охраны места падения самолета, принадлежащего национальному авиаперевозчику Malaysia Airlines.

Премьер-министр Австралии Тони Эббот пояснил роль своей страны в полицейской миссии.

«Наша главная и единственная цель — вывезти тела наших погибших и вернуть их домой как можно скорее», — сказал он.

Но проведение операции осложняется из-за усиления столкновений между правительственными войсками и пророссийскими сепаратистами.

Украинская армия, по всей видимости, добивается успехов, постепенно возвращая контроль над территориями, захваченными сепаратистами.

Ее очередной победой стал город Лисичанск, расположенный примерно в 100 километрах к северу от места катастрофы.

Местные жители говорят, что уже устали от конфликта.

Молодая мама с младенцем, пробирающаяся через усыпанную обломками главную улицу города, говорит, что смогла купить в магазине только мыло. Ничего не работает, говорит она, нет электричества и закрыты банки.

Clashes are coming closer to the centre of Donetsk — the main centre of separatist resistance. The road leading out of the city is crowded with locals trying to escape from the conflict.

The president of Ukraine, Petro Poroshenko, on Sunday visited the training centre of the National Guard, where he said that the armed forces have the necessary firepower to defeat the separatists.

According to Poroshenko, the Ukrainian army has revitalized itself over the past two months.

"Today we can say that they are the real liberators, freeing people from the occupation of Ukrainian cities, towns, and villages," he said.

Meanwhile, against the backdrop of conflict, investigators are trying, piece by piece, to reconstruct the last seconds of flight of the Malaysian liner. However, unfortunately, their work is progressing very slowly.

The UN Security Council has called for an immediate cease-fire in Gaza

Palestinians are unhappy that the council did not condemn the "aggression" by Israel, which, in turn, is not satisfied with the vague wording.

The news service "Voice of America" Updated 28.07.2014

The UN Security Council adopted a presidential statement in support of an "immediate and unconditional" humanitarian cease-fire between Israel and Hamas.

The statement, adopted at the meeting on Monday night, calls on both parties in the conflict to take steps to achieve a "fully respected and long-term cease-fire."

The document also refers to the need for urgent humanitarian assistance in the Gaza Strip.

Столкновения подходят ближе к центру Донецка — основного центра сопротивления сепаратистов. Дороги на выходе из города переполнены — местные жители пытаются скрыться от конфликта.

Президент Украины Петр Порошенко в воскресенье посетил учебный центр Национальной гвардии, где заявил, что вооруженные силы страны обладают необходимой огневой мощью, чтобы нанести поражение сепаратистам.

По словам Порошенко, украинская армия за последние два месяца возродилась.

«Сегодня мы можем утверждать, что это — настоящие освободители, те, кто освобождают от оккупации украинские города, поселки и села», — сказал он.

Тем временем, на фоне конфликта следователи пытаются по крупицам восстановить картину последних секунд полета малазийского лайнера. Но, к сожалению, пока их работа продвигается крайне медленно.

Совбез ООН призвал к немедленному прекращению огня в Газе

Палестинцы недовольны, что совет не осудил «агрессию» Израиля, который, в свою очередь, не удовлетворен расплывчатостью формулировок.

Служба новостей «Голоса Америки» Обновлено 28.07.2014

Совет Безопасности ООН принял заявление председателя в поддержку «немедленного и безусловного» гуманитарного прекращения огня между Израилем и ХАМАС.

Заявление, принятое на заседании в ночь на понедельник, призывает обе стороны конфликта предпринять шаги по достижению «долгосрочного и полностью соблюдаемого прекращения огня».

В документе также говорится о необходимости срочного оказания гуманитарной помощи жителям сектора Газа.

The presidential statement by the Security Council came after the failure of several attempts to establish a truce, following the escalation of the conflict about three weeks ago.

Palestinian representative to the UN, Riyad Mansour, said he hoped that the statement would lead to long-term cease-fire, but at the same time subjected the Security Council to criticism for failing to adopt a resolution in relation to the actions of Israel, which he described as "aggressive."

"We expected that the Security Council would support the protection of our people, and the legitimate aspirations of our people in the Gaza Strip," he said.

"The situation is unstable, but a return to the situation that existed before the aggression is not sustainable."

The Israeli Ambassador to the UN, Ron Prosor, said Hamas has fired 2500 missiles into Israel. He reiterated that if not for the rocket attacks, Israel would not have to resort to its own strikes.

According to him, the statement adopted by the Security Council does not specifically mention rocket attacks by Hamas militants, nor Israel's right to self-defence.

Officials, including U.S. president Barack Obama, are trying to find a lasting solution to the conflict.

On Sunday, July 27, Barack Obama spoke by phone with Israeli prime minister Benjamin Netanyahu.

In a special statement, the White House expressed growing concern about civilian casualties.

The clashes between Israel and militants in Gaza since the beginning of July have killed about 1,100 people, mostly civilians in the Palestinian territory.

On the Israeli side, 43 soldiers have been killed, along with three civilians.

Заявление председателя Совета Безопасности появилось после провала нескольких попыток установить перемирие после эскалации конфликта около трех недель назад.

Представитель Палестинской автономии в ООН Рияд Мансур выразил надежду, что заявление приведет к долгосрочному прекращению огня, но одновременно подверг Совет Безопасности критике за неспособность принять резолюцию в связи с действиями Израиля, которые он охарактеризовал как «агрессию».

«Мы ожидали, что Совет Безопасности займется проблемой защиты нашего народа и законными чаяниями нашего народа в секторе Газа, — сказал он.

— Сложившаяся ситуация неустойчива, но и возвращение к ситуации, которая была до агрессии тоже будет непрочным».

Посол Израиля в ООН Рон Просор заявил, что ХАМАС выпустил по Израилю 2500 ракет. Он повторил, что если бы не ракетные атаки, Израилю не пришлось бы наносить собственные удары.

По его словам, в заявлении, принятом Советом Безопасности, не упоминаются конкретно ХАМАС, ракетные удары боевиков или право Израиля на самооборону.

Официальные лица, включая президента США Барака Обаму, пытаются найти долговременное решение конфликта.

В воскресенье 27 июля Барак Обама побеседовал по телефону с премьер-министром Израиля Биньямином Нетаньяху.

В специальном заявлении Белого дома выражается растущее беспокойство в связи с потерями среди гражданского населения.

В столкновениях между Израилем и боевиками в Газе с начала июля погибли около 1100 человек, в основном мирные жители палестинской территории.

С израильской стороны погибли 43 военных и три мирных жителя.

UN: separatists are trying to impose a "reign of fear and terror" on the population of Ukraine

The UN report also said that the fighting in the east of Ukraine has led to the death of 1129 people.

Taras Burnos Updated 29.07.2014

The armed groups are well equipped, continue to commit atrocities in eastern Ukraine, and are trying to impose a "reign of fear and terror" on the local population.

This is stated in the report by the United Nations Office of the High Commissioner for Human Rights.

The report's authors, on the internet site of the United Nations, presented documentary evidence of atrocities committed by armed groups, including abductions, torture, and executions of people.

"Some of the detainees in the custody of armed groups are local politicians, civil servants, and employees of the local coal mining enterprises.

Most of them are ordinary citizens, including teachers, journalists, clergy, and students," it said in a report.

According to the UN monitoring group, from mid-April armed groups kidnapped or detained 812 persons in the Donetsk and Lugansk regions.

"Armed groups often demand ransom from detainees, and have recently forced them to dig trenches and sent them to fight on the front lines.

Armed groups hold meetings or "military tribunals," and sentence people to death," it said in the report.

It states the same about some of the citizens of Ukraine who were allegedly captured and are now detained in the Russian Federation on various charges.

ООН: сепаратисты пытаются навязать населению Украины «господство страха и ужаса»

В докладе ООН также говорится, что бои на востоке Украины привели к гибели 1129 человек.

Тарас Бурнос Обновлено 29.07.2014

Вооруженные группы людей, хорошо оснащенные техникой, продолжают бесчинства на востоке Украины и пытаются навязать местному населению «господство страха и ужаса».

Об этом говорится в докладе Управления Верховного комиссара Организации Объединенных Наций по правам человека.

Авторы доклада, сообщает Интернет-сайт ООН, представили документальные доказательства злодеяний, совершаемых бойцами вооруженных групп, в том числе случаев похищений, пыток и казней людей.

«Некоторые из лиц, содержащихся под стражей у вооруженных групп, — это местные политики, государственные служащие и сотрудники местных угледобывающих предприятий.

Большинство из них — простые граждане, в том числе учителя, журналисты, священнослужители и студенты», — говорится в докладе.

По данным мониторинговой группы ООН, с середины апреля вооруженные группы похитили или задержали 812 лиц в Донецкой и Луганской областях.

«Вооруженные группы часто требуют выкуп с задержанных, а с недавних пор заставляют их рыть окопы или отправляют воевать на передовую.

Вооруженные группы проводят заседания «военных трибуналов» и приговаривают людей к смерти», — сообщается в докладе.

В нем же говорится и о некоторых гражданах Украины, которые предположительно были захвачены и сейчас содержатся под стражей в Российской Федерации по различным обвинениям.

"Reports of further intensification of hostilities in the Donetsk and Lugansk regions, in which both sides used heavy weapons in residential areas, in particular, artillery, tanks, missiles and rockets, is very disturbing," said the UN High Commissioner for Human Rights, Navi Pillay, introducing the report on Monday.

The new report covers the period from June 8 to July 15, 2014, and is the fourth in a series of reports prepared by the UN Human Rights monitoring mission in Ukraine, consisting of 39 UN staff. It was established in mid-March 2014.

The report also says that after the armistice on June 30 the government regained control over significant areas in the Donetsk and Lugansk regions previously controlled by armed groups.

However, this achievement comes at a price — a large number of dead and injured. The report calls on the Ukrainian authorities to abide by international law.

Seven days with a bag on his head

At the same time, from the correspondent of the Russian service of 'Voice of America' in Kiev, one of the former prisoners of the separatist 'Aidar' fighter battalion, Alexander Mironchuk, told Ukrainian and international journalists about how he spent seven days in captivity.

Alexander Mironchuk was held captive in the Luhansk region from July 9 to 16, and says that prisoners are not treated in a particularly ceremonious way by separatists.

"It was very hard. We kept in poor conditions. I was in a two-metre earthen pit and always with a bag on my head and my hands tied.

«Сообщения о дальнейшей активизации боевых действий в Донецкой и Луганской областях, при которых обе стороны применяют тяжелые вооружения в жилых районах, в частности, артиллерию, танки, ракеты и реактивные снаряды, крайне тревожны», — заявила Верховный комиссар ООН по правам человека Нави Пиллэй, представляя доклад в понедельник.

Новый доклад охватывает период с 8 июня по 15 июля 2014 года и является четвертым в серии докладов, подготовленных Мониторинговой миссией ООН по правам человека в Украине, состоящей из 39 сотрудников ООН. Она была создана в середине марта 2014 года.

Авторы доклада отмечают, что после окончания перемирия 30 июня правительство восстановило контроль над значительными территориями Донецкой и Луганской областей, которые ранее контролировались вооруженными группами.

Однако это достижение досталось дорогой ценой — большим числом убитых и раненых людей. Авторы доклада призывают украинские власти соблюдать нормы международного права.

Семь дней с мешком на голове

В тоже время, как сообщает корреспондент Русской службы «Голоса Америки» из Киева, один из бывших узников сепаратистов, боец батальона «Айдар» Александр Мирончук рассказал украинским и международным журналистам о том, как прожил семь дней в плену.

Александр Мирончук находился в плену в Луганской области с 9 по 16 июля и говорит о том, что с пленниками сепаратисты особо не церемонились.

«Было очень тяжело. Держали нас в плохих условиях — я находился в земляной двухметровой яме и всегда с мешком на голове и со связанными руками.

We were not given food, and only drank water when questioned. Only then was the bag removed," said Alexander Mironchuk, on July 29, during a press conference in the media centre of Kiev.

Psaki: "The Russian side supplies, supports, and arms the separatists"

Russian support for separatists in eastern Ukraine was discussed at a briefing at the State department.

Russian service "Voice of America" Updated 29.07.2014

U.S. State department spokesperson Jen Psaki said that "the Russian side supplies, supports, and arms separatists" in the east of Ukraine. The State department official commented on previously published evidence to support this. The following is an excerpt from her briefing on Monday:

QUESTION: Let's start from the satellite images that were published on Sunday. Do we know where they came from, that they are authentic?

Psaki: We would not publish them if we were not confident of their accuracy. We are presenting declassified information, to the extent that is possible, providing it to all of you, the American public, and the world community. That is what happened.

QUESTION: Do we know what satellites received these pictures? Whom do they belong to, for example?

Psaki: I cannot go into details.

QUESTION: Okay. Now about the timing of their publication. Why did you decide to publish them on the weekend?

Еду нам не давали, только воду попить, когда допрашивали. Тогда же снимали и мешок», — сказал Александр Мирончук 29 июля во время пресс-конференции в Киевском медиа-центре.

Псаки: «Российская сторона снабжает, поддерживает, вооружает сепаратистов»

Поддержка Россией сепаратистов на востоке Украины стала предметом обсуждения на брифинге в Госдепартаменте США.

Русская служба «Голоса Америки» Обновлено 29.07.2014

Представитель Госдепартамента США Джен Псаки заявила, что «российская сторона снабжает, поддерживает, вооружает сепаратистов» на востоке Украины и прокомментировала опубликованные ранее Госдепартаментом доказательства этой поддержки. Ниже следует выдержка из ее брифинга в понедельник:

ВОПРОС: Давайте начнем со спутниковых фотографий, которые были опубликованы в воскресенье. Знаем ли мы, откуда они появились, насколько они достоверны?

ПСАКИ: Мы бы не стали публиковать их, если бы не были уверены в их точности. Мы рассекречиваем информацию, по мере возможности, чтобы предоставить ее всем вам, американской общественности и мировому сообществу. Именно это и произошло.

ВОПРОС: Известно ли, с каких спутников поступили эти фотографии? Например, кому они принадлежат?

ПСАКИ: Я не могу вдаваться в детали.

ВОПРОС: Хорошо. Теперь что касается времени их публикации. Почему мы решили опубликовать их на выходных?

Psaki: I think everyone is working on the weekend, and we are working. We felt it was important to disclose this information. It shows the fighting by separatists and the support of the Russian artillery. As you know, we are concerned by the actions and the escalation, and these images are another example of this.

QUESTION: Now, about how they were made public. As I understand it, they were first published by the U.S. ambassador to Ukraine, through his Twitter account. Is that so?

Psaki: The State department sent them all. We sent them to a fairly wide range of recipients.

QUESTION: What is it the State department hopes to achieve through this publication? What reaction has the State department received, given the evidence presented in these satellite photos?

Psaki: The reaction to what exactly? To the satellite images, to the escalation?

QUESTION: Yes.

Psaki: As you know, we have long been concerned about the fact that the Russian side supplies, supports, and arms separatists. We have information that shows and supports these concerns, and we have provided that information publicly.

We have introduced a range of sanctions, including additional sanctions last week. We expect that the European side will soon introduce additional sanctions.

It shows the world why we have concerns, and why it is important to pay special attention to the actions of Russia in Ukraine.

ПСАКИ: Думаю, все работают на выходных, и мы работаем. Поэтому мы посчитали важным обнародовать эту информацию. Она показывает боевые действия сепаратистов и их поддержку со стороны российской артиллерии. Как вы знаете, мы обеспокоены такими действиями и этой эскалацией, и снимки являются очередным примером этого.

ВОПРОС: Теперь о том, как они были обнародованы. Насколько я понимаю, первым их опубликовал посол США в Украине через свой аккаунт в Твиттере. Это так?

ПСАКИ: Госдепартамент разослал их всем. Мы разослали их достаточно широкому кругу.

ВОПРОС: Чего Госдепартамент надеется достичь этой публикацией. Какую реакцию получил Госдепартамент, учитывая свидетельства, приведенные на этих спутниковых фотографиях?

ПСАКИ: Реакцию на что конкретно? На спутниковые фотографии, на эскалацию?

ВОПРОС: Да.

ПСАКИ: Как вы знаете, мы уже давно обеспокоены тем фактом, что российская сторона снабжает, поддерживает, вооружает сепаратистов. У нас есть информация, которая показывает и поддерживает эти тревоги, и мы обнародовали эту информацию.

Мы ввели целый ряд санкций, включая дополнительные санкции на прошлой неделе. Мы ожидаем, что европейская сторона вскоре введет дополнительные санкции.

Это показывает миру, в чем состоят эти тревоги и почему важно обратить особое внимание на действия России в Украине.

Chapter 8

INF: will the treaty survive?

Russia has not responded to U.S. charges of violating the treaty on intermediate-and short-range missiles.

Victor Vasiliev 29.07.2014

MOSCOW - Moscow has not responded to the claims by Washington regarding the violation of the bilateral treaty on the elimination of Intermediate-Range Nuclear Forces (INF).

It is noted that yesterday, president Barack Obama's administration accused Russia of violating the INF treaty — one of the main elements of nuclear arms control.

As reported on Monday evening, an administration official, who spoke to reporters on condition of anonymity, said that president Obama sent his Russian counterpart Vladimir Putin a letter in which he stated that Russia had violated the 1987 agreement by testing a land-based cruise missile.

The New York Times newspaper, citing sources in the White House, reported that the U.S. State department soon intends to make public its opinion on the matter — in the annual report on international compliance with agreements on arms control.

The INF treaty was signed in Washington by Soviet leader Mikhail Gorbachev and U.S. president Ronald Reagan in 1987. Under this agreement, the parties pledged not to test, produce, and deploy land-based cruise missiles with a range of 500 to 5,500 kilometres.

Europe imposed sanctions against Russia

They are directed against strategic sectors of the Russian economy.

Глава 8

РСМД: выживет ли договор?

Россия не отреагировала на обвинения США в нарушении договора о ракетах средней и малой дальности.

Виктор Васильев 29.07.2014

МОСКВА — Москва пока так ничего и не ответила на претензии Вашингтона по поводу нарушения двустороннего Договора о ликвидации ракет средней и малой дальности (РСМД).

Напомним, накануне администрация президента Барака Обамы обвинила Россию в нарушении РСМД — одного из главных элементов контроля над ядерными вооружениями.

Как сообщил вечером в понедельник представитель администрации, который беседовал с журналистами на условиях неразглашения его имени, президент Обама направил своему российскому коллеге Владимиру Путину письмо, в котором заявил, что Россия нарушила договор 1987 года, проведя испытания крылатой ракеты наземного базирования.

Газета The New York Times сообщила со ссылкой на источники в Белом доме, что Госдепартамент США намерен в ближайшее время обнародовать свое заключение по этому вопросу в ежегодном докладе о международном соблюдении соглашений по контролю над вооружениями.

Договор о РСМД был подписан в Вашингтоне советским лидером Михаилом Горбачевым и президентом США Рональдом Рейганом в 1987 году. Согласно этому соглашению, стороны обязались не испытывать, не производить и не развертывать крылатые ракеты наземного базирования с радиусом действия от 500 километров до 5,5 тысяч километров.

Европа ввела санкции против России

Они направлены против стратегически важных отраслей российской экономики.

PARIS - The governments of the member States of the European Union decided to impose new sanctions against Russia, in particular with regard to the defence sector. What might these sanctions mean for Europe and Russia?

EU representatives in Brussels agreed that the new sanctions should come into force soon.

Although the details are not fully clarified, the sanctions are directed against strategic sectors of the Russian economy, including against the oil sector, high-tech industries, banking, and defence sectors.

The EU has also expanded the list of individuals banned from entering EU territory and subject to an assets freeze.

EU only recently imposed sanctions against Russia, accusing the Russian leadership of supporting separatists in eastern Ukraine, but many felt that those sanctions have not had the desired impact.

According to analysts, the strong pressure exerted by Washington, in conjunction with the Malaysian passenger plane crash, which killed nearly 200 citizens of the Netherlands, made Europe take a different view on the situation.

Head of the Paris office of the European Council on Foreign Relations, Edward Tetreault, said that the slow transition from words to action is a "classic" of European diplomacy.

"European diplomacy is always about doing the right thing, but it does so at the last moment, when all possibilities have been tried," he said.

"We saw this a few years ago, during the euro crisis. We are seeing it now, in a period of crisis in relations with Russia."

ПАРИЖ — Правительства стран-членов Европейского союза приняли решение ввести новые санкции против России, в частности, в отношении оборонного сектора. Чем могут обернуться эти санкции для Европы и для России?

Согласованные представителями стран ЕС в Брюсселе, новые санкции должны вступить в силу в ближайшее время.

Хотя подробности до конца не выяснены, санкции направлены против стратегически важных отраслей российской экономики, в том числе против нефтяного сектора, высокотехнологичных отраслей, банковского и оборонного секторов.

Евросоюз также расширил список физических лиц, которым запрещен въезд на территорию ЕС и чьи активы подлежат замораживанию.

ЕС лишь недавно ввел санкции против Росси, обвинив российское руководство в поддержке сепаратистов на востоке Украины, однако многие посчитали, что те санкции не возымели должного воздействия.

По словам аналитиков, сильное давление, оказываемое Вашингтоном, в совокупности с катастрофой малазийского пассажирского самолета, в которой погибли почти 200 граждан Нидерландов, заставили Европу по-иному взглянуть на ситуацию.

Руководитель парижского отделения Европейского совета по международным отношениям Эдуард Тетро говорит, что медленный переход от слов к делу — это «классика» европейской дипломатии.

«Европейская дипломатия всегда поступает правильно, но делает это в последний момент, когда уже испробованы все возможности, — сказал он.

— Мы наблюдали это несколько лет назад, во время кризиса евро. Мы наблюдаем это сейчас, в период кризиса отношений с Россией».

Tetreault says that now Europe and the United States should make efforts to ensure that their sanctions against Moscow really have an impact.

"They have hurt the Russian economy at a rather difficult time for it," he stressed.

"In the near future it will create problems. In the medium term, it may send Putin's Russia down the path of a more peaceful and reasonable partnership with Europe."

EU member States may also suffer from these sanctions. Russia is the third largest trading partner of the block.

London's financial sector, energy imports by Germany and France, the defence industry — all this is largely dependent on business relations with Russia.

The Russian central bank promises to support banks that fail under the sanctions

It is not clear what the effect will be of the new measures by the West, taken in response to Moscow's actions in relation to Ukraine.

The news service "Voice of America" Updated 30.07.2014

The Russian central bank pledged to support financial institutions that fall under the pressure of new U.S. and EU sanctions.

On Wednesday, the bank promised to take "adequate measures" to support the banks affected by the sanctions, imposed to punish Russia for supporting separatists in eastern Ukraine.

It is unclear whether the new sanctions will affect the actions of Russia in Ukraine.

It is also not known what actions the U.S. and Europe are prepared to take if the situation does not change.

Тетро говорит, что теперь Европе и Соединенным Штатам необходимо приложить усилия к тому, чтобы их санкции в отношении Москвы действительно возымели воздействие.

«Они должны больно ударить по российской экономике в довольно трудное для нее время, — подчеркнул он.

— Это уже в ближайшее время создаст проблемы. В среднесрочной же перспективе это может направить путинскую Россию на путь более мирного и разумного партнерства с Европой».

Страны-члены ЕС также могут пострадать от этих санкций. Россия является третьим по величине торговым партнером этого блока.

Лондонский финансовый сектор, импорт энергоносителей Германией и оборонная промышленность Франции — все это во многом зависит от деловых отношений с Россией.

Центробанк России обещает поддержать банки, попавшие под санкции

Пока не ясно, каким будет эффект от новых мер Запада, принятых в связи с действиями Москвы в отношении Украины.

Служба новостей «Голоса Америки» Обновлено 30.07.2014

Российский Центробанк пообещал поддержать финансовые институты, попавшие под новые санкции США и ЕС.

В среду банк пообещал предпринять «адекватные меры» по поддержке банков, пострадавших от санкций, принятых с целью наказать Россию за поддержку сепаратистов на востоке Украины.

Пока неясно, повлияют ли новые санкции на действия России в Украине.

Также неизвестно, какие действия готовы предпринять США и Европа, если ситуация не изменится.

At the UN, Yuriy Sergeyev said there are new Ukrainian border violations by the Russians

The representative of Ukraine said that Minsk will host talks between Ukraine, Russia, the OSCE, and the separatists.

Victoria Kupchinetskaya 07/31/2014

The permanent representative of Ukraine to the United Nations, Yuriy Sergeyev, on Wednesday held a press conference at the headquarters of the United Nations, at which he said that the separatists shelled the crash site of the Malaysian 'Boeing' plane in the Donetsk region, and thereby destroyed evidence that may be crucial to the investigation of the crash.

According to him, there are reports that separatists have mined the area around the wreckage.

Sergeyev also said that, according to the Ukrainian side, the day before, on Tuesday, seven Russian tanks crossed the Ukrainian border.

Sergeyev said it is the fault of the separatists that experts from the Netherlands and representatives of the OSCE cannot get to the crash site.

"We ask Russia to influence the separatists; to show respect for human life and death," he said at a press conference.

Russia's permanent representative to the UN, Vitaly Churkin, speaking later at a meeting of the UN Security Council, blamed the Ukrainian side for "investigators still being unable to reach the crash site."

"We fear that the Kiev authorities are endeavouring to destroy evidence implicating their role in the crash of the Malaysian aircraft," said Churkin.

Юрий Сергеев в ООН заявил о новых нарушениях украинской границы со стороны России

Представитель Украины рассказал, что в Минске состоятся переговоры между Украиной, Россией, ОБСЕ и сепаратистами.

Виктория Купчинецкая 31.07.2014

Постоянный представитель Украины при ООН Юрий Сергеев в среду провел пресс-конференцию в штаб-квартире ООН, на которой заявил, что сепаратисты обстреливают место крушения малазийского «Боинга» в Донецкой области и тем самым уничтожают важные улики, которые могут быть полезны при расследовании катастрофы.

По его словам, поступили сообщения о том, что территория в районе, где произошло крушение, заминирована сепаратистами.

Сергеев также сказал, что, по данным украинской стороны, накануне, во вторник, семь российских танков пересекли украинскую границу.

Сергеев заявил, что по вине сепаратистов специалисты из Нидерландов и представители ОБСЕ уже который день не могут попасть на место крушения самолета.

«Мы просим Россию повлиять на сепаратистов, проявить уважение к человеческой жизни и смерти», — сказал он на пресс-конференции.

Постоянный представитель России при ООН Виталий Чуркин, выступая позднее на заседании Совета Безопасности ООН, обвинил украинскую сторону в том, что «дознаватели по-прежнему не могут добраться до места катастрофы».

«Опасаемся, что киевские власти движимы целью уничтожить улики, изобличающие их роль в катастрофе малазийского авиалайнера», — заявил Чуркин.

On Wednesday, UN secretary general Ban Ki-moon issued a statement saying that he was "deeply disturbed that the forensic experts and international investigators, whose task is to investigate the downing of the 'Boeing' MH17 plane, still cannot get to the crash site to begin their important duties, because of the heavy fighting in the area."

The secretary general called on all parties to cease hostilities in the area around the site of the disaster, and to provide full access to international experts.

On Wednesday, a group of experts from the Netherlands and Australia, which comprises more than 60 people, was for the fourth consecutive day forced to postpone an attempt to reach the crash site of the Malaysian 'Boeing' plane because of fierce fighting between the army and pro-Russian Ukrainian separatists.

According to Sergeyev, Ukraine has irrefutable evidence that the 'Boeing' was shot down by separatists, backed by Russia.

Reporters asked Mr Sergeyev to elaborate about this evidence, to which the Ukrainian diplomat said:

"We have intelligence reports revealing that the plane was hit by an SL-11 rocket, released from a Buk system.

We also have a delayed recognition by separatists, many of whom are Russians.

And, we have intercepted telephone conversations for the few minutes before and after the missile was launched.

We have video and photos taken by locals and placed on social networks.

And most importantly, there are photographs taken by satellites, and the relevant parties have access to this information.

В среду генеральный секретарь ООН Пан Ги Мун выпустил заявление, в котором говорится, что он «глубоко встревожен тем, что судебно-медицинские эксперты и международные следователи, в задачу которых входит расследование падения «Боинга» МН17, из-за тяжелых боев в районе падения самолета по-прежнему не могут добраться до места катастрофы, чтобы приступить к своим важным обязанностям».

Генеральный секретарь призвал все стороны прекратить военные действия в районе, приближенном к месту катастрофы, и предоставить международным экспертам полный доступ.

В среду группа экспертов из Нидерландов и Австралии, в которую входят более 60 человек, четвертый день подряд вынуждена была отложить попытку попасть на место крушения малайзийского «Боинга» из-за ожесточенных боев между украинской армией и пророссийскими сепаратистами.

По словам Сергеева, у Украины есть неоспоримые доказательства того, что «Боинг» сбили сепаратисты, которых поддерживает Россия.

Журналисты попросили г-на Сергеева подробнее рассказать об этих доказательствах, на что украинский дипломат заявил:

«В нашем распоряжении находятся данные разведки о том, что самолет сбила ракета SL-11, выпущенная с установки "Бук".

У нас также есть признания задержанных сепаратистов, многие из которых — россияне.

А также перехваченные телефонные разговоры за несколько минут до того, как была выпущена ракета, и после.

В нашем распоряжении есть видео и фото, сделанные местными жителями и помещенные в социальные сети.

И главное — фотографии, сделанные со спутников теми сторонами, которые имеют доступ к этой информации.

All this data will be provided to international experts, who will conduct an investigation. For us, this is indisputable."

The representative of Ukraine said that by shooting down a passenger plane, the separatists have committed three crimes: shooting down a passenger aircraft with a rocket, interfering with humanity and with the humane treatment of human remains, as well as interfering with the investigation by destroying physical evidence at the scene.

Recall that on Monday, Russia's permanent representative to the UN, Vitaly Churkin, said that if the separatists downed the Malaysian 'Boeing' by mistake, not having such an intention, it is not an act of terrorism.

At a press conference, Sergeyev said that it is still an "act of terrorism," and called the statement by Churkin "immoral."

Barack Obama: sanctions are a response to Russia's actions towards Ukraine
The Russian Foreign ministry called the new sanctions "destructive and short-sighted"

News Service, "Voice of America" 30.07.2014

American and European sanctions against Russia due to Moscow's intervention in the affairs of Ukraine has provoked strong reactions in the Russian Federation.

On Wednesday 30 July, the Russian Foreign ministry called the restrictions against the energy, defence, technology, and financial sectors of the Russian economy "destructive and short-sighted."

According to the wording used by the Foreign ministry of Russia, the "punitive" actions of Washington will lead to a further deterioration of bilateral relations.

Все эти данные будут предоставлены международным специалистам, которые будут проводить расследование. Для нас они являются неоспоримыми».

Представитель Украины заявил, что, сбив пассажирский самолет, сепаратисты совершили сразу три преступления: выпустили ракету по пассажирскому самолету, препятствуют гуманному и человечному обращению с останками погибших, а также препятствуют расследованию и уничтожают улики и вещественные доказательства на месте трагедии.

Напомним, что в понедельник постоянный представитель России при ООН Виталий Чуркин заявил, что если сепаратисты сбили малазийский Боинг по ошибке, не имея такого намерения — это не является актом терроризма.

На пресс-конференции Сергеев сказал, что это все равно «акт терроризма», а заявление Чуркина назвал «аморальным».

Барак Обама: санкции — ответ на действия России по отношению к Украине
Российский МИД назвал новые санкции «деструктивными и недальновидными»

Служба новостей «Голоса Америки» 30.07.2014

Американские и европейские санкции по отношению к России, вызванные вмешательством Москвы в дела Украины, вызвали острую реакцию в РФ.

В среду 30 июля МИД РФ назвал ограничения, направленные против энергетического, оборонного, технологического и финансового секторов российской экономики, «деструктивными и недальновидными».

Согласно формулировке, использованной внешнеполитическим ведомством России, «карательные» действия Вашингтона приведут к дальнейшему ухудшению двусторонних отношений.

A new round of sanctions, the most severe since the 'cold war', is aimed at weakening Russia's economy, which is already approaching — according to experts — a state of recession.

According to American officials, the new sanctions will have an impact on 30% of the Russian banking sector, as well as an impact on exports and business cooperation with Russian companies.

The vice chancellor of Germany, Sigmar Gabriel, like many economists, said that the sanctions will hamper the functioning of the Russian economy.

"I believe that the impact of sanctions will become apparent very soon: the Russian economy is not in the best shape," Gabriel said.

Russian lawmaker Alexei Pushkov said that due to the imposition of sanctions, Barack Obama will go down in history as the president who unleashed the 'cold war'.

President Obama stressed, however, that the sanctions do not mean a return to the 'cold war': they are a response to Russia's actions towards Ukraine.

Experts began work at the crash site of the Malaysian airliner

Experts and their accompanying OSCE representatives are searching for remains of the victims.

News Service: "Voice of America" 01.08.2014 14:20

Experts from the Netherlands and Australia, together with the accompanying representatives of the Organization for Security and Cooperation in Europe, on Friday began to inspect the area of the Malaysia Airlines plane crash in eastern Ukraine, which is now referred to as a crime scene.

Новый раунд санкций, самых жестких со времен «холодной войны», направлен на дельнейшее ослабление российской экономики, приближающейся, по мнению экспертов, к состоянию рецессии.

По словам официальных лиц США, новые санкции могут оказать воздействие на 30% банковского сектора РФ, а также повлиять на объемы экспорта и делового сотрудничества с российскими компаниями.

Вице-канцлер Германии Зигмар Габриэль, как и многие экономисты, отмечает, что санкции затруднят функционирование российской экономики.

«Полагаю, что последствия санкций очень скоро станут очевидными: экономика России находится не в наилучшей форме», — заявил Габриэль.

Российский законодатель Алексей Пушков заявил, что благодаря введенным санкциям Барак Обама войдет в историю как президент, развязавший вторую «холодную войну».

Президент Обама подчеркнул, однако, что санкции не означают возвращения к «холодной войне»: они являются ответом на действия России по отношению к Украине.

Эксперты начали работу на месте крушения малазийского лайнера

Эксперты и сопровождающие их представители ОБСЕ ведут поиски останков погибших.

Служба новостей «Голоса Америки» 01.08.2014

Эксперты из Нидерландов и Австралии вместе с сопровождающими их представителями Организации по безопасности и сотрудничеству в Европе в пятницу начали осматривать зону крушения самолета Malaysia Airlines в восточной Украине, которая теперь обозначается как место преступления.

Their main task is to search for the remains of several dozen victims who have not yet been found, as well as personal belongings of the 298 people killed in the crash of the 'Boeing 777', shot down over Ukraine on July 17.

Earlier on Friday, 10 Ukrainian paratroopers were killed in an ambush by pro-Russian separatists near the town of Shakhtersk, which is located not far from the crash site.

The attack occurred on the day after the international experts got to the crash site, which they were unable to access for several days due to intense fighting.

Obama spoke about the crisis in Ukraine and the Gaza Strip

Obama: "People forget that America does not control everything that happens in the world."

Natasha Brain Updated 01.08.2014

WASHINGTON - President Barack Obama held a press conference on Friday at the White House.

The main themes of his speech became the state of the United States economy and the disagreements with Republican leaders in Congress (in particular, the inability to find a compromise that will help immigration reform). Obama also touched on the theme of Ukraine and Russia.

"Last night, the Senators (Republicans), for purely political motives, tried to block the approval of our nomination as ambassador to Russia — at a time when we are dealing with the crisis in Ukraine on a daily basis," Obama said.

On the crisis in Ukraine, answering the question of whether America has lost influence in the world, Obama said that "people forget that America, while the most powerful country in the world, does not control everything that happens in the world.

Их основной задачей является поиск останков нескольких десятков жертв, которые все еще не были найдены, а также личных вещей 298 человек, погибших при крушении «Боинга 777», сбитого над Украиной 17 июля.

Ранее в пятницу 10 украинских десантников погибли, попав в засаду пророссийских сепаратистов около города Шахтерска, который расположен неподалеку от места катастрофы.

Атака произошла на следующий день после того, как международные эксперты добрались до места крушения самолета, куда не могли получить доступ в течение нескольких дней из-за ожесточенных боев.

Обама рассказал о кризисах в Украине и секторе Газа

Обама: «Люди забывают, что Америка не контролирует всего, что происходит в мире».

Наташа Мозговая Обновлено 01.08.2014

ВАШИНГТОН — Президент Барак Обама провел в пятницу пресс-конференцию в Белом доме.

Основными темами его выступления стали состояние экономики США и разногласия с лидерами республиканцев в Конгрессе (в частности, невозможность найти компромисс, который поможет провести иммиграционную реформу). Обама также затронул темы Украины и России.

«Прошлой ночью сенаторы (республиканцы), из чисто политических побуждений, попытались заблокировать утверждение кандидатуры нашего посла в России — в то время, когда мы ежедневно имеем дело с кризисом в Украине», — заявил Обама.

По поводу кризиса в Украине — отвечая на вопрос о том, потеряла ли Америка влияние в мире, — Обама сказал, что «люди забывают о том, что Америка, являясь самой сильной страной на Земле, не контролирует всего, что происходит в мире.

Our diplomatic efforts often take time. (...) In Ukraine, we have made progress with what we have promised to do. We cannot control what Mr Putin thinks.

But we can say to him: "If you continue to supply heavy weapons to the separatists — which led to the death of about 300 innocent passengers on the plane — you have to deal with the consequences of that: the impact on your country."

"The president always asks himself if he could do more," Obama continued.

"In regard to Ukraine, we have done everything we can to support the Ukrainian government, and to prevent further intrusion by Russia in Ukraine." He added that there are limits to what the United States can do.

He also commented on the crisis in Gaza, including the short-lived three-day ceasefire declared on Friday morning, which was broken in less than two hours.

"We, I, clearly condemn Hamas and Palestinian factions for the killing of two Israeli soldiers and the kidnapping of a third, undertaken almost a minute after a cease-fire was announced," said the president. Obama called on Hamas to release the abducted soldier immediately.

At the same time, Obama also stressed the importance of ensuring the safety of the residents of Gaza: "Innocent residents caught in the crossfire must weigh heavily on our conscience, and we need to make greater efforts to protect them.

The cease-fire was one of the ways to do it: to step back and stop the slaughter and begin to solve the problem at the source of this conflict."

Наши дипломатические усилия часто требуют времени. (...) В Украине мы добились прогресса в том, что мы пообещали сделать. Мы не можем контролировать то, что думает господин Путин.

Но мы можем сказать ему: "Если вы продолжите поставлять сепаратистам тяжелое вооружение, которое привело к гибели около 300 невинных пассажиров самолета — вам придется иметь дело с последствиями, которые ударят по вашей стране"».

«Президент всегда спрашивает себя, может ли он сделать больше. — продолжил Обама.

— В том, что касается Украины, мы сделали все, что можем для поддержки украинского правительства, и чтобы предотвратить дальнейшее вторжение России в Украину». Он добавил, что существуют пределы того, что могут сделать Соединенные Штаты.

Президент также прокомментировал кризис в Газе и недолговечное трехдневное прекращение огня, объявленное в пятницу утром, которое было нарушено менее чем через два часа.

«Мы, я — однозначно осудили ХАМАС и палестинские группировки за убийство двух израильских солдат и похищение третьего, совершенные практически через минуты после того, как было объявлено о прекращении огня», — сказал президент. Обама призвал ХАМАС немедленно освободить похищенного солдата.

При этом Обама также подчеркнул важность обеспечения безопасности жителей Газы: «Невинные жители, попавшие под перекрестный огонь, должны лежать тяжелым грузом на нашей совести, и мы должны предпринимать больше усилий, чтобы защитить их.

Прекращение огня было одним из способов сделать это, отступить назад, прекратить бойню и начать решать проблемы у истоков этого конфликта».

Obama stressed that Israel is rightly trying to continue work on the detection and destruction of underground tunnels built by militants in Gaza: "The cease-fire would give Israel an opportunity to destroy the tunnels, but they cannot do this without having to go into densely populated areas."

Obama added that the way out of the crisis is difficult to find "because of the accumulated anger and despair. This is an explosive mix. But we need to continue our efforts.

This administration has invested a lot of time in trying to help the parties to agree, but ultimately, it is up to them...

Our resources are limited, after a decade of war — both our army and our budget. Nevertheless we are trying."

End Vol.2

Обама подчеркнул, что Израиль справедливо пытается продолжить работу по обнаружению и разрушению подземных туннелей, построенными боевиками в Газе: «Прекращение огня дало бы Израилю возможность разрушить эти туннели, но они не могут сделать этого без того, чтобы входить в густонаселенные районы».

Обама добавил, что выход из кризиса найти сложно «из-за накопившихся гнева и отчаяния»: «Это взрывная смесь. Но мы должны продолжить наши попытки.

Эта администрация вложила много времени в попытки помочь сторонам договориться — но в конечном итоге, это зависит от них...

Наши ресурсы ограниченны после десятилетия войн — как нашей армии, так и нашего бюджета. Тем не менее, мы пытаемся».

Конец Том 2

Printed in Great Britain
by Amazon.co.uk, Ltd.,
Marston Gate.

Geometric Ornament